Les partis politiques en France

L es partis politiques, en France, n'ont pas très bonne réputation et peu de citoyens y adhèrent.

Ils sont pourtant des éléments fondamentaux d'une démocratie, même si, dans la réalité, ils ne jouent pas toujours aussi bien qu'on le souhaiterait le rôle qui devrait être le leur. Encore faut-il, pour les juger, connaître les aspects essentiels des partis français. Ces éléments d'information sont regroupés en trois ensembles concernant : la nature et le rôle des partis dans un système démocratique, les caractéristiques des principaux partis français, les rapports entre ces partis et leur implantation dans la France de la Vᵉ République.

Peut-être pourra-t-on alors porter sur eux un regard à la fois plus compréhensif et plus critique, et – qui sait ? –, contribuer à leur amélioration ou à leur relève. Les citoyens n'ont-ils pas les partis qu'ils méritent ?

Qu'est-ce qu'un parti politique ?

Le parti politique, dans sa conception moderne, est un ensemble de personnes associées volontairement. Il se distingue des autres groupes par ses objectifs, son organisation et ses moyens d'action.

Objectif : l'exercice du pouvoir politique

Les partis ont pour ambition d'exercer le pouvoir, ou au moins d'y participer, pour mettre en œuvre les conceptions de leurs dirigeants et de leurs membres en matière d'organisation et de fonctionnement de la société.

Cet objectif les distingue des groupes de réflexion (« clubs », sociétés de pensée…) ainsi que des mouvements qualifiés de « groupes de pression ». Ces derniers tentent d'influencer le pouvoir politique pour faire prévaloir leurs aspirations ou leurs intérêts dans des domaines particuliers (économiques et sociaux pour les syndicats, idéologiques ou politiques pour les mouvements antiracistes, pacifistes, favorables ou hostiles à l'autorisation de l'avortement, etc.). Mais ils ne cherchent pas à gouverner eux-mêmes.

Organisation : structures durables et ramifications sur le territoire national

Un parti politique ne peut se réduire à un rassemblement momentané, de circonstance, ni même à une organisation liée à la carrière politique d'un homme. Le parti doit avoir l'ambition de survivre à ses fondateurs. Son mode d'organisation doit permettre d'assurer la succession des dirigeants et l'activité du parti au-delà de la vie – ou de la vie politique – de ses pères, aussi importants soient-ils. Ainsi, les partis gaullistes, fondés par le général de Gaulle ou se réclamant de lui, ont continué à exister et agir après son retrait de la vie publique et après sa disparition.

Un parti doit également disposer de structures locales, reliées au niveau national de l'organisation. Elles lui assurent une présence aussi large que possible sur l'ensemble du pays. De ce fait, les partis se distinguent des groupes parlementaires, qui ne réunissent que les députés (ou les sénateurs) appartenant à une même tendance politique, et dont l'activité ne déborde guère l'enceinte du Parlement*. Ils se différencient aussi des mouvements à implantation et à ambition purement locales (groupes d'action municipale, mouvements de défense d'intérêts régionaux). On peut contester que l'« Alliance Gard-Cévennes » ou l'« Union pour l'avenir du pays de Ploërmel » soient de véritables partis politiques, bien qu'ils se présentent comme tels aux yeux de la loi.

La mobilisation : des moyens d'action

Le moyen d'action privilégié des partis politiques, pour parvenir au pouvoir, est la recherche d'un soutien populaire. Il peut y parvenir par deux moyens : soit, bien sûr, à l'occasion des élections où il s'agit d'obtenir le maximum de suffrages*, soit, de façon plus permanente, par le recrutement d'adhérents ou par la mobilisation de sympathisants dans le cadre de campagnes de propagande ou de manifestations publiques. Celles-ci permettent au parti de faire la preuve du soutien que lui apportent les citoyens (pétitions, meetings, manifestations de rue, etc.).

Plusieurs définitions

Il existe de très nombreuses définitions des partis politiques. Celle qui est retenue ici est inspirée de deux politologues américains : Joseph Lapalombara et Myron Weiner.

> Les partis politiques sont des associations volontaires de personnes, organisées de façon durable et implantées sur l'ensemble du territoire, afin de conquérir et d'exercer directement le pouvoir au niveau national.

À quoi servent les partis politiques ?

L'existence des partis est fondamentalement liée à la démocratie pluraliste. Celle-ci admet et organise la concurrence pour exercer le pouvoir politique. La notion de « parti unique » désigne les partis qui ont le monopole du pouvoir et de l'activité politique dans certains régimes. Elle est contradictoire avec le rôle des partis dans un système démocratique. Une vocation qui peut être ramenée à quelques grandes fonctions.

Formulation des choix et élaboration des programmes

En se chargeant d'exprimer les aspirations des citoyens, en leur donnant une cohérence et une diffusion sous forme de programmes, les partis contribuent à la clarification du débat politique. La confrontation des analyses et des projets, présentés par les divers partis, permet aux citoyens d'identifier la nature des choix qui leur sont proposés. Ils peuvent se prononcer, en principe, en connaissance de cause.

Mobilisation des citoyens et identification des candidats

Les choix proposés par les partis favorisent le rassemblement des citoyens autour d'un petit nombre de grandes orientations. Ils ajoutent ainsi, à la clarté du débat, l'efficacité de l'engagement politique (ou du choix électoral), en vertu de la devise selon laquelle « l'union fait la force ».

Ils offrent aussi aux électeurs la possibilité d'identifier politiquement les candidats qu'ils ne connaissent pas personnellement. Les partis fournissent aux candidats des « étiquettes » ou des « investitures ». Ce qui les désigne comme les représentants de courants politiques en général connus des électeurs*.

Formation et sélection des dirigeants politiques

Participer aux activités d'un parti, c'est le moyen de parfaire ou d'acquérir les compétences et connaissances nécessaires, pour ceux qui souhaitent exercer des responsabilités publiques. Tous les partis organisent des formations destinées à leurs adhérents : conférences, stages, écoles d'été, voire (comme le PCF) de véritables écoles de degrés différents.

C'est également dans le cadre des partis que peuvent émerger et être sélectionnés les militants qui paraissent les plus aptes au combat politique et à l'exercice du pouvoir, au niveau local comme au niveau national.

Représentation des citoyens et contrôle des élus

Les partis ont pour vocation de parler en permanence au nom de ceux dont ils défendent les idées, rôle qu'ils partagent avec les élus. Ces derniers sont d'ailleurs, à des degrés divers, « encadrés » par leurs partis.

Pacification du débat politique

Enfin, et c'est peut-être là le plus important, les partis canalisent les affrontements politiques et leur donnent une forme pacifique. Aujourd'hui comme dans le passé, les pays où les partis n'existent pas, ou sont réprimés, sont livrés à la dictature, à l'affrontement violent et chaotique des ambitions et des intérêts. Dans la réalité, les partis ne remplissent pas toujours leur mission aussi bien que la démocratie l'exigerait. Mais en l'absence de partis plane la menace dictatoriale.

Les partis contribuent au fonctionnement de la démocratie. Ils assurent de façon pacifique l'expression et la concurrence des choix politiques. Ils organisent la participation et la promotion des citoyens.

L'origine des partis français

Le mot « parti » a pu être utilisé pour désigner des camps qui s'affrontent, à diverses périodes de l'Histoire, que ce soit dans la Rome antique ou, en France, lors des guerres de Religion. Mais les rassemblements, auxquels il s'appliquait, ne présentaient pas toutes les caractéristiques qui définissent d'habitude les partis modernes.

Apparition des partis en France

Les partis politiques, au sens moderne du terme, n'apparaissent en France qu'à la fin du XXᵉ siècle (*voir* p. 56), bien plus tard qu'aux États-Unis ou en Grande-Bretagne. Certes, les « clubs », sous la révolution française de 1789, peuvent paraître les préfigurer. Mais il faut attendre la démocratisation du système et l'apparition des masses de citoyens dans le jeu politique, notamment avec l'extension du droit de vote, pour que naissent des organisations durables. Celles-ci deviennent capables de mobiliser et d'encadrer, sur l'ensemble du territoire, ces nouveaux acteurs de la vie politique.

Les groupes de parlementaires et les comités locaux de notables laissent alors la place à de véritables partis, orientés vers l'activité électorale. Parallèlement, le mouvement ouvrier se dote lui aussi de partis, pour lesquels les élections ne sont pas une priorité.

Motion au Jardin du Palais-Royal. Gouaches de Lesueur de 1789 à 1806. (Musée Carnavalet)

Les partis issus des IIIe et IVe Républiques

Parmi les partis apparus sous la IIIe République (1875-1940), seuls les partis de gauche existent encore aujourd'hui : soit tels quels (le parti communiste), soit après reconstruction (le parti socialiste), soit après éclatement (le parti radical et Radical).

Les partis de droite de la IIIe République ne survivent pas à la Seconde Guerre mondiale et au régime de Vichy*, avec lequel nombre de leurs dirigeants se sont compromis. De nouveaux partis apparaissent donc, au centre et à droite, après la guerre et sous la IVe République (1946-1958). Certains sont encore présents, comme le Centre national des indépendants (CNI), ou se sont transformés sous la Ve République, comme le MRP, dont le Centre des démocrates sociaux (CDS) est aujourd'hui l'héritier.

Vote masculin et féminin

Le suffrage universel* pour les hommes est instauré en France en 1848.
Les femmes n'obtiendront le droit de vote qu'un siècle plus tard, en 1944.

Les partis constitués sous la Ve République

En dehors des partis qui n'ont fait que prolonger des organisations existant déjà ou qui s'en sont détachés (le parti républicain, indirectement issu du CNI), la Ve République a donné naissance à deux partis et à un courant divisé en plusieurs formations.

Le Rassemblement pour la République (RPR), lié par son origine au fondateur du régime, est le plus important. C'est l'actuelle incarnation du mouvement gaulliste qui s'est constitué lors du retour du général de Gaulle au pouvoir en 1958. Il a eu pour précurseur, sous la IVe République, le Rassemblement du peuple français (RPF). D'autre part, le Front national, créé en 1972, est le seul parti d'extrême droite qui ait conquis une place importante depuis la guerre.

Enfin, apparu sur la scène politique au milieu des années 1970, le courant écologiste a donné naissance à plusieurs mouvements, dont les Verts et Génération Écologie sont les principaux.

Les partis politiques apparaissent en France à la fin du XIXe siècle. Les partis de gauche actuels sont issus de la IIIe République. Les partis de droite viennent de la IVe République, à l'exception du RPR et du FN, créés, comme les mouvements écologistes, après 1958.

L'argent des partis politiques

Pour faire face aux dépenses entraînées par leurs activités, les partis doivent disposer de moyens financiers. Ceux-ci peuvent provenir des membres du parti, de personnes ou de groupes extérieurs au parti, de l'État.

Ressources traditionnelles

Tous les partis demandent à leurs adhérents une cotisation annuelle. En outre, la plupart d'entre eux sollicitent de leurs élus (parlementaires et élus locaux) une contribution particulière.

Ils bénéficient de dons, de la part de personnes extérieures au parti. Jusqu'en 1995, ils pouvaient également percevoir des dons – pas nécessairement désintéressés – émanant d'entreprises ou d'associations.

Les partis profitent aussi, indirectement, de l'aide financière que l'État apporte aux candidats aux élections. La prise en charge par l'État des documents électoraux officiels, le remboursement d'une partie des dépenses de campagne aux candidats qui obtiennent plus de 5 % des suffrages*, l'attribution de temps d'antenne gratuit dans les médias audiovisuels allègent les frais que les partis ont à assumer. De même, ils bénéficient en partie des indemnités que perçoivent les élus et des moyens qui leur sont attribués.

Déclaration de patrimoine

Le président de la République et les membres du gouvernement, ainsi que les principaux élus, doivent déclarer le montant de leur patrimoine (les biens dont ils sont propriétaires) au début et à la fin de leur mandat.

Seule la déclaration du président de la République est rendue publique. Les autres sont confiées à la Commission pour la transparence financière de la vie politique.

Financements
occultes et dérives

La plupart des partis ont, de longue date, bénéficié de ressources occultes : aides de groupes d'intérêt économiques, commissions sur des marchés de travaux publics, « pots-de-vin », détournement pour le compte du parti des moyens des collectivités locales gérées par leurs membres, voire subventions de puissances étrangères.

Certaines de ces dérives se sont amplifiées avec la difficulté, pour les partis, de faire face à l'augmentation vertigineuse des dépenses nécessaires à leur activité. Parmi les principales raisons : le recours aux moyens modernes de communication (marketing politique, sondages, affichage publicitaire, meetings à grand spectacle…). Il en résulte, depuis les années 1980, une multiplication des « affaires », qui ont entraîné, pour la plupart des grands partis, des démêlés avec la justice.

Financement des partis par l'État

De 1988 à 1995, une nouvelle législation a été élaborée, afin de tenter d'assainir la situation, tout en assurant aux partis les moyens de jouer, dans la légalité, un rôle jugé nécessaire au fonctionnement de la démocratie. Elle instaure une contribution directe de l'État au financement des partis.

Chaque année, des crédits sont inscrits au budget de l'État (526 millions de francs en 1995) pour être versés aux partis en fonction du nombre de leurs élus au Parlement* et de leurs résultats électoraux. En contrepartie, les partis sont tenus de publier leurs comptes. D'autre part, les dons émanant d'entreprises ou d'associations ont été interdits depuis 1995.

Dans le même temps, le niveau des dépenses électorales a été limité. Des dispositions ont été prises pour contrôler l'évolution de la fortune des élus et des membres du gouvernement (*voir* encadré).

Les ressources traditionnelles des partis se sont révélées insuffisantes pour faire face aux coûts de la vie politique. Pour remédier aux dérives qui en ont résulté, un financement partiel des partis par l'État est instauré depuis 1988.

L'organisation des partis

L'organisation des partis est l'un des principaux traits qui les distinguent d'autres types de groupes.

Les relations entre leurs adhérents, leur mode de fonctionnement, la distribution du pouvoir en leur sein, ne sont pas laissés au hasard et à l'improvisation. Ils font l'objet de règles formelles, plus ou moins contraignantes, et plus ou moins respectées…

Partis de cadres – partis de masse
Cette distinction est due à Maurice Duverger, dans son livre *Les partis politiques*, collection « Points Essais », éditions du Seuil, 1992.

Les niveaux d'organisation

La définition même des partis implique que ceux-ci soient organisés de façon à couvrir l'ensemble du territoire national. En France, tous les partis ont des niveaux d'organisation qui correspondent au découpage administratif du pays. Ils sont tous organisés, au niveau départemental, en fédérations (ou centres départementaux) ; la plupart à un échelon local (section ou comité) correspondant en général à une commune ou à un ensemble de communes. La plupart aussi disposent d'instances de concertation au niveau régional. Le parti communiste et le RPR se distinguent par l'existence de niveaux d'organisation qui leur sont propres : l'unité de base du PCF est la cellule, organisée sur le lieu de résidence des adhérents (commune ou quartier), ou sur leur lieu de travail (cellule d'entreprise). Le RPR, quant à lui, a pour niveau fondamental la circonscription législative, qui correspond au cadre dans lequel est élu un député.

Une organisation plus ou moins contraignante

Dès leur origine, les partis « de masses », comme le PCF ou le parti socialiste, ont cherché à mobiliser de façon permanente des adhérents nombreux, en dehors même des périodes électorales. Ils ont élaboré des règles de fonctionnement qui régissent, de manière très détaillée, les relations entre les niveaux d'organisation du parti et la vie de celui-ci.

Les partis de droite traditionnels, qualifiés de partis « de cadres » ou « de notables », accordent moins d'importance au militantisme et au nombre de leurs adhérents. L'essentiel de leur activité tourne autour des élections et leurs niveaux locaux disposent d'une assez large autonomie.

Le RPR échappe en partie à cette distinction. Son organisation privilégie le niveau électoral (circonscription) mais, en même temps, il encourage le recrutement et le militantisme d'adhérents nombreux, dans un cadre fortement hiérarchisé.

Tendance à l'oligarchie*

Quel que soit le mode d'organisation des partis, l'expérience montre que, dans les faits, le pouvoir y est concentré entre les mains d'un petit nombre de dirigeants, quand ce n'est pas d'un seul, comme au Front national. Véritables « professionnels de la politique », les dirigeants disposent en effet du temps, des compétences et des informations qui font généralement défaut aux militants de la base. Enfin, certains partis reconnaissent, en droit ou en fait (comme le PS), l'existence de courants organisés en leur sein, alors que d'autres (comme le PCF) refusent les tendances internes.

L'organisation des partis est plus ou moins souple selon l'importance qu'ils accordent au nombre et au militantisme de leurs adhérents.
La tendance générale et actuelle est à la concentration du pouvoir entre les mains des dirigeants.

L'univers du parti : adhérents, militants, sympathisants...

On parle, en général, des partis comme s'ils étaient des personnes : « le parti décide... », « le parti veut... », « le parti pense... ». C'est commode, mais cela ne correspond pas à la réalité. Les partis sont des ensembles de personnes aux positions et aux rôles différents.

Les adhérents en chiffres

Le nombre des adhérents en France est difficile à connaître : les chiffres publiés par les partis sont en général très supérieurs à la réalité. Les estimations sont de quelques milliers pour les partis écologistes, les radicaux ou les partis d'extrême gauche, à quelques centaines de milliers (200 000 à 300 000) pour le PCF, en passant par une centaine de milliers pour le PS et le RPR.

Les adhérents

Au sens le plus strict, un parti est constitué par ses adhérents, c'est-à-dire par les personnes qui sont membres du parti. L'adhésion se traduit généralement par la possession d'une carte, en échange du paiement d'une cotisation. Elle suppose l'acceptation des règles de fonctionnement fixées par les statuts du parti. En contrepartie, les adhérents, et eux seuls, participent à l'élaboration et à l'adoption des décisions qui engagent le parti.

Parmi les adhérents

Les adhérents n'ont pas tous le même rôle ni le même poids dans le parti. Certains se contentent de payer leur cotisation et, éventuellement, d'assister à une réunion de temps à autre. D'autres ont un rôle plus actif.
– Les militants consacrent du temps au parti et y participent en assurant des tâches de gestion interne ou de propagande (collage d'affiches, distribution de tracts, animation de réunions, discussions pour convaincre leur entourage...).
– Les dirigeants (ou cadres) exercent des responsabilités prévues dans les statuts du parti, au niveau local ou au niveau national. Ils sont le plus souvent élus par les adhérents

(ou parfois désignés par le sommet du parti), dont ils organisent l'activité.

– Les élus (députés*, sénateurs*, conseillers municipaux*, généraux* ou régionaux*) représentent à la fois les citoyens, qui ont voté pour eux, et leur parti, qui les a choisis pour être candidats. Leur poids dans le parti est variable : le PCF ne leur accorde aucun pouvoir particulier, alors que le RPR leur fait une place de choix dans ses instances dirigeantes.

– Les permanents sont des adhérents, qui n'ont pas nécessairement des fonctions dirigeantes, mais qui consacrent la totalité de leur temps au parti et sont rétribués par celui-ci.

Au-delà des adhérents

L'univers d'un parti ne se limite pas à ses adhérents. Son influence s'apprécie aussi par les individus ou les groupes qui sont proches de lui et peuvent lui servir de relais.

– Les sympathisants sont les personnes qui, sans être membres du parti, sont proches de ses idées, et le soutiennent à l'occasion (versements à des collectes, participation à des manifestations organisées par le parti…).

– Les électeurs*, plus ou moins fidèles, apportent leur soutien au parti. Même s'ils ne partagent pas toutes ses orientations, ils votent pour ses candidats pour des raisons qui peuvent être très diverses (sympathie personnelle, intérêt, refus des autres candidats…).

– D'autre part, certains mouvements organisés peuvent être plus ou moins contrôlés par un parti et amplifier ainsi son influence.

> Les partis se composent de diverses catégories de membres. Ils englobent aussi, dans leur zone d'influence, des personnes ou des groupes extérieurs à son organisation.

La situation des partis en France

Le poids des partis dans la politique française est conditionné par trois éléments : le cadre juridique qui leur est appliqué, le rôle que leur accorde le fonctionnement des institutions, et la place qu'ils occupent dans la vie politique.

Des partis discrètement reconnus et très libres

Les règles institutionnelles, qui encadrent l'activité des partis en France, sont très discrètes. En même temps, elles sont peu exigeantes à leur égard et leur garantissent une grande liberté.

La Constitution de la Ve République ne fait référence aux partis politiques que dans son article 4 : « *Les partis et groupements politiques concourent à l'expression du suffrage*. Ils se forment et exercent leur activité librement. Ils doivent respecter les principes de la souveraineté nationale et de la démocratie.* »

C'est donc en tant que participants à l'activité électorale (« *l'expression du suffrage* ») que les partis sont pris en considération. Leurs autres fonctions dans le système démocratique sont ignorées. Mais aucune contrainte ne pèse sur eux pour ce qui est de leur création, de leur fonctionnement et de leurs activités. Leur liberté est totale tant qu'ils respectent les principes fondamentaux du régime.

Toutefois, la participation de l'État au financement des partis (*voir* pp. 10-11), instituée en 1988, est une forme de reconnaissance de leur contribution à la démocratie, au-delà même de leur rôle électoral. Elle a eu aussi, pour conséquence juridique, l'attribution de la « personnalité morale » aux partis, c'est-à-dire le droit d'agir (par exemple devant la justice) comme des personnes et notamment d'être propriétaires de biens.

Rôle des partis dans le fonctionnement des institutions

L'apport des partis à la compétition électorale se manifeste dans la sélection des candidats, dans « l'investiture » (à savoir l'« étiquette » et le soutien public) qu'ils leur accordent, et dans la prise en charge des campagnes électorales.

Dans le cadre du Parlement*, les « groupes parlementaires », qui rassemblent les élus de même tendance, et qui sont officiellement reconnus, ne se confondent pas avec les partis, mais leur sont, en général, étroitement liés.

Les partis français : nombreux, faibles, représentatifs

Les partis français sont nombreux : plus de 40 étiquettes de partis sont utilisées lors des élections législatives de 1993. La même année, 142 groupes sont présentés (le plus souvent abusivement) comme partis politiques dans le cadre de la législation sur le financement des partis. Même si l'on ne retient que les partis jouant un rôle réel dans la vie politique, on peut en recenser plus d'une dizaine. Ce qui contraste avec la situation de pays comme l'Allemagne, le Royaume-Uni ou les États-Unis, où il n'y a que deux ou trois partis réellement importants.

En même temps, les partis français regroupent peu d'adhérents : à eux tous, ils en rassemblent moins d'un million, alors que la France compte plus de 40 millions de citoyens en possession de leurs droits civiques.

Pourtant, les partis conservent apparemment une certaine représentativité aux yeux des électeurs* : les candidats soutenus par les grands partis recueillent l'écrasante majorité des suffrages, et les chances des candidats « sans parti » sont limitées.

Les partis français sont nombreux mais n'attirent dans leurs rangs que peu de citoyens. Les institutions leur garantissent une très grande liberté de création et d'action. Elles leur reconnaissent surtout un rôle électoral, même s'ils contribuent de façon plus large au fonctionnement du système.

Partis de gauche, partis de droite

Les partis s'inscrivent dans des traditions idéologiques. Ils s'opposent ou s'allient entre eux en fonction de clivages enracinés dans l'Histoire, qui servent de points de repère aux citoyens.

Gauche-droite en pourcentages
En 1993, 85 % des électeurs du PCF et 70 % de ceux du PS se classent à gauche ; 81 % des électeurs de l'UDF, 71 % de ceux du RPR et 67 % de ceux du FN se classent à droite.

« *Tous les partisans du veto allèrent s'asseoir à droite du président, tous les antagonistes se groupèrent dans la partie opposée. Cette séparation rendait plus facile le calcul des voix dans le vote par assis et levé.* » (*Buchez et Roux-Lavergne*, Histoire parlementaire de la Révolution française, 1834-1838).

Le clivage gauche-droite

Depuis plus de deux siècles, la vie politique française s'est organisée autour de l'opposition gauche-droite. L'origine des termes renvoie à la place qu'occupèrent, dans la salle de l'Assemblée constituante de 1789, à partir du 28 août, les partisans du pouvoir royal et les partisans des pouvoirs de l'Assemblée. Mais la signification du clivage est restée bien réelle. Jusqu'à nos jours, il a servi à identifier les deux camps qui s'affrontaient sur les enjeux politiques majeurs.

À chaque époque, l'affrontement est interprété en termes d'opposition entre droite et gauche, entre conservatisme et progrès. De même, la place des courants politiques par rapport à ces deux pôles a évolué : ainsi, les libéraux, qui faisaient figure de révolutionnaires au début du XIXe siècle, sont devenus conservateurs au XXe siècle, face à la montée « sur leur gauche » du courant socialiste.

Partis et citoyens dans l'espace gauche-droite

La validité de l'opposition droite-gauche est aujourd'hui fréquemment mise en question. Pourtant, la grande majorité des Français acceptent de se situer par rapport à l'un des deux pôles, même si, sur de nombreux problèmes, leurs opinions tendent à se rapprocher.

Quant aux partis, on est en droit de les répertorier en termes de droite et de gauche, non seulement parce qu'ils le font eux-mêmes, mais surtout parce que leurs électeurs* et sympathisants respectifs se distinguent les uns des autres par leur propre identification à la droite ou à la gauche.

Pluralité des gauches et des droites

À gauche, la distinction majeure, depuis 1920, sépare communistes et socialistes, respectivement représentés par le PCF et le PS.

Dans la droite, l'historien René Rémond distingue, dans son livre *Les droites en France* (*voir* bibliographie), trois familles apparues au XIXᵉ siècle :

– une droite « ultra », monarchiste, contre-révolution-naire, traditionaliste, cléricale, qui n'existe guère qu'à l'état de traces dans la France actuelle.

– une droite « orléaniste » (en référence aux partisans du roi Louis-Philippe entre 1830 et 1848), libérale sur le plan politique et économique, conservatrice en matière sociale. Les partis constituant l'UDF la représentent assez bien.

– une droite « bonapartiste », attachée à un État fort aussi bien à l'extérieur qu'à l'intérieur, à tendance auto-ritaire et faisant appel au peuple. Le courant gaulliste l'a représentée, mais avec le RPR il s'est rapproché de la droite libérale.

Quant au Front national, il relève pour partie de la tra-dition « ultra » et pour partie de la tradition bonapar-tiste. Il n'est pas sans rappeler, par certains côtés, le nationalisme autoritaire et populiste de l'extrême droite fasciste de l'entre-deux-guerres.

Dons patriotiques apportés à l'Assemblée constituante de 1789.
(Gravure de 1797)

> Le clivage gauche-droite domine, depuis deux siècles, la vie politique française. C'est, pour l'essentiel, par rapport à lui que se situent les citoyens et les partis.

Le parti socialiste (1) : de la SFIO au PS

Face à la misère ouvrière engendrée par l'industrialisation, les courants socialistes se développent au cours du XIXᵉ siècle. Sous l'influence de Karl Marx, ils se rassemblent en France comme au niveau international.

Jules Guesde (1845-1922)

Jean Jaurès (1859-1914)

Léon Blum (1872-1950)

Karl Marx (1818-1883), philosophe allemand, théoricien du mouvement socialiste, contribua lui-même à une première Internationale, l'Association internationale des travailleurs (1864-1876).

Naissance de la SFIO

En 1905, les principales organisations socialistes, dirigées par Jules Guesde (1845-1922) et Jean Jaurès (1859-1914) se fondent dans le Parti socialiste unifié, Section française de l'Internationale ouvrière (SFIO). Comme son nom l'indique, le nouveau parti appartient à un ensemble plus vaste, la IIᵉ Internationale, créée en 1889, en écho à l'appel de Marx : « *Prolétaires de tous les pays, unissez-vous!* ». Dès le départ, la SFIO souffre d'un enracinement relativement faible dans la classe ouvrière, où elle est concurrencée par le courant anarchiste.

De la scission de Tours au Front populaire

La Première Guerre mondiale et la révolution russe de 1917, conduite au nom du socialisme par Vladimir Ilitch Lénine (1870-1924), entraînent une crise du mouvement socialiste. Lénine et ses partisans fondent une Internationale communiste, la IIIᵉ Internationale.

En 1920, au congrès de Tours, la majorité de la SFIO décide d'adhérer à cette nouvelle Internationale et prend le nom de Parti com-

muniste français. La minorité, conduite par Léon Blum, préfère « garder la vieille maison » et poursuivre son action dans le cadre de la SFIO.

Désormais, et jusqu'à nos jours, deux partis se disputent la représentation de la classe ouvrière et se réclament du socialisme. En 1936, le Front populaire*, alliance réunissant le PCF, la SFIO et le parti radical, remporte les élections législatives. Pour la première fois, un socialiste, Léon Blum (1872-1950), va diriger le gouvernement de la France. Mais le Front populaire se disloque en 1938.

Front populaire : de jeunes communistes défilent lors du 14 juillet 1936.

Déclin de la SFIO

Après la Seconde Guerre mondiale, la SFIO est supplantée à gauche par le parti communiste. Elle joue cependant un rôle important et participe fréquemment au pouvoir, d'abord associée au PCF et au MRP (« tripartisme »), puis à des partis situés sur sa droite, contre les communistes et les gaullistes (« Troisième force »).

Pendant toute cette période, le décalage entre la réaffirmation des principes révolutionnaires et la pratique de compromis avec la droite s'aggrave. Ce qui contribue à discréditer la SFIO. Affaiblie sur le plan électoral et militant, menacée de sclérose, la SFIO voit son déclin précipité par l'avènement de la Vᵉ République et par ses revirements successifs.

Le nouveau parti socialiste

Entamé en 1969, le processus de création d'un nouveau parti socialiste s'achève au congrès d'Épinay, en 1971. Ce parti réunit, outre les membres de l'ancienne SFIO, des militants appartenant à des clubs et mouvements de gauche, dont la Convention des institutions républicaines, dirigée par François Mitterrand. Ce dernier prend alors la direction du parti socialiste, que rejoindront en 1974 des militants du PSU et de la CFDT.

Le choix stratégique sur lequel Mitterrand fonde le nouveau parti est clair : rompre avec les alliances à droite, au profit de l'union de la gauche. L'objectif est double : faire du PS le plus important parti de gauche, faire de la gauche unie la force majoritaire dans le pays.

Le socialisme français, marqué à l'origine par l'influence de Marx, donne naissance à deux partis concurrents : le parti socialiste et le parti communiste. Le Front populaire consacre leur union et mène la gauche au pouvoir en 1936. Une stratégie reprise en 1971 par François Mitterrand à la tête du nouveau parti socialiste.

Le parti socialiste (2) : pouvoir et désillusions

En mai 1981, François Mitterrand, candidat socialiste, entre au palais de l'Élysée. Un gouvernement de gauche se retrouve aux commandes de l'État. Exercer le pouvoir sur fond de crise économique, de chômage et de tensions internes au parti ne facilite pas la tâche des socialistes. La désillusion va vite gagner l'électorat français.

L'ascension

La signature du Programme commun de la gauche en 1972 concrétise l'union du PCF, du PS et des radicaux de gauche.

Dès 1978, le PS dépasse le parti communiste sur le plan électoral, et la gauche manque de peu la victoire aux élections législatives. Mais les relations avec le PCF se dégradent, après la non-reconduction, en 1977, du Programme commun.

Enfin, en 1981, François Mitterrand est élu président de la République. Le PS recueille plus de 36 % des voix aux élections législatives et obtient, à lui seul, la majorité absolue des sièges à l'Assemblée nationale.

Mai 1981 : c'est la vague rose. François Mitterrand est élu président de la République.

Durant toute cette période, l'ascension du PS s'appuie sur un électorat relativement jeune et issu des catégories sociales en expansion (cadres, techniciens, employés), mais aussi du monde ouvrier. Cependant, même s'il enregistre une augmentation du nombre de ses adhérents, le PS a du mal à construire une organisation solide et efficace, en raison, notamment, de son fonctionnement en tendances et des affrontements internes.

L'exercice du pouvoir

À partir de 1981, le PS se trouve en position dominante à tous les niveaux du pouvoir. Il y est associé aux radicaux de gauche et au parti communiste, qui a subi un fort recul électoral.

Mais les difficultés de l'exercice du pouvoir, accentuées par l'inexpérience gouvernementale des socialistes et par les contraintes économiques, vont entraîner des désillusions. Le gouvernement socialiste adopte une politique de rigueur, le chômage persiste, et la déception gagne, en particulier dans les milieux populaires. Les communistes quittent le gouvernement en 1984.

En 1986, la droite gagne les élections législatives, bien que le PS conserve un score élevé. Mais la réélection, en 1988, de François Mitterrand à l'Élysée permet au PS de revenir au pouvoir, sans toutefois disposer d'une majorité solide.

Octobre 1995 : passation de pouvoir entre Henri Emmanuelli et Lionel Jospin qui prend la tête du parti socialiste.

De l'effondrement à l'espoir

Le second septennat de Mitterrand est fatal au PS. Les diverses élections lui sont défavorables. Les affrontements de tendances au sein du parti se transforment en guerre de clans, avec pour enjeu le contrôle du parti et le choix du prochain candidat à l'élection présidentielle. Le congrès de Rennes, en 1990, donne du PS une image désastreuse. Enfin, le parti est touché par des affaires financières.

Il en résulte une déroute électorale aux élections législatives de 1993 (19 % des voix), qui ramène la droite au pouvoir. L'effondrement se prolonge avec les élections européennes de 1994, où la liste conduite par Michel Rocard obtient moins de 15 % des suffrages*.

L'élection présidentielle de 1995, perdue par la gauche, apporte toutefois une note d'espoir au PS. La candidature de Lionel Jospin, appuyée par le choix des adhérents en dehors des jeux d'appareil, recueille un résultat honorable (23,3 % au premier tour, 47,3 % au second). Elle donne à Jospin le crédit nécessaire pour tenter de reconstruire le Parti socialiste. Pour ce faire, il succède à Henri Emmanuelli et devient, en octobre 1995, le nouveau premier secrétaire du parti.

Mouvement des citoyens

En 1993, le courant animé par Jean-Pierre Chevènement quitte le PS et devient le Mouvement des citoyens.

Le parti socialiste, successeur de la SFIO, s'est reconstruit sous la direction de François Mitterrand. Devenu en 1981 le parti dominant, il subit une grave crise et perd le pouvoir dans les années 1990.

Le Parti communiste français

PCF

La fondation du mouvement communiste international, organisé autour de l'URSS, est un phénomène majeur du XXᵉ siècle. En France comme ailleurs, ce mouvement est représenté par un parti communiste.

Lénine (Vladimir Ilitch Oulianov, 1870-1924).

Émergence du PCF

En 1920, la majorité du parti socialiste SFIO décide d'adhérer à l'Internationale communiste fondée par Lénine et les révolutionnaires russes. C'est la naissance du Parti communiste français. Celui-ci s'organise selon les principes du « centralisme démocratique » : ils instituent une discipline rigoureuse et interdisent les tendances au sein du parti.

D'abord très isolé et sectaire, le PCF participe, à partir de 1934, au Front populaire. La victoire de celui-ci aux élections de 1936 le conduit à soutenir, sans toutefois y participer, un gouvernement dirigé par le socialiste Léon Blum. Le PCF sort alors de sa marginalité et devient, sous la conduite de Maurice Thorez (1900-1964), un parti de masse.

Dissous en septembre 1939 pour avoir approuvé le pacte de non-agression entre l'URSS et l'Allemagne, avec laquelle la France est en guerre, le PCF poursuit son activité dans la clandestinité. Ses militants vont jouer un rôle important dans la résistance à l'occupant nazi.

Le premier parti de France

Désaccord

En août 1968, le PCF condamne l'intervention militaire soviétique en Tchécoslovaquie.

À la Libération, le PCF est le plus important parti de France par son organisation, ses effectifs et son électorat (plus de 25 % des suffrages*). Il le restera pendant toute la IVᵉ République. Il participe au gouvernement sous la direction de de Gaulle, puis sans lui.

Mais, en 1947, la guerre froide rejette les communistes français dans l'isolement. Parti stalinien, étroitement aligné sur les orientations de l'URSS, le PCF reste la force la plus représentative de la classe ouvrière, mais aussi de certains milieux ruraux traditionnellement orientés à l'extrême gauche. Il bénéficie également de nombreuses sympathies dans les milieux intellectuels et artistiques.

Georges Marchais, secrétaire général du PCF de 1972 à 1994.

Le déclin

Le retour de de Gaulle au pouvoir, en 1958, porte un coup à l'influence du PCF, seul parti important à s'être opposé à l'instauration de la Ve République.

Le PCF retrouve un certain dynamisme dans la construction de l'union de la gauche et prend même des distances avec l'URSS entre 1968 et 1978. Mais il se raidit lorsqu'il constate que le PS apparaît comme le principal bénéficiaire de l'union. Celle-ci est rompue, fin 1977-début 1978, et le parti communiste se rapproche à nouveau du système soviétique, dont Georges Marchais déclare le bilan « globalement positif ».

À partir de 1981, le déclin s'accélère. C'est en position de faiblesse que les communistes participent, jusqu'en 1984, au gouvernement de gauche. Cette situation est due à la lenteur de la « déstalinisation » du PCF et de son adaptation aux changements sociaux, ainsi qu'à sa difficulté à définir une stratégie politique. S'y ajoutent, à la fin des années 1980, l'effondrement du système soviétique et le développement de la contestation à l'intérieur du parti.

En janvier 1994, Robert Hue succède à Georges Marchais à la tête du PCF, avec l'ambition d'ouvrir et de rénover ce dernier. Sa candidature à l'élection présidentielle de 1995, sans être un vrai succès (8,6% des voix), marque une pause dans le processus de déclin.

Record battu

Le minimum historique est atteint à l'élection présidentielle de 1988 : 6,8% des voix pour André Lajoinie.

Après avoir été le premier parti de France, le parti communiste connaît, sous la Ve République, un processus de déclin.

SYSTÈME   APPROFONDIR

Les petits partis d'extrême gauche

Les organisations d'extrême gauche, excepté le PCF, sont très faibles en France. Depuis le dépérissement du courant anarchiste, les plus visibles d'entre elles sont issues soit du mouvement communiste, soit des tentatives récentes de rénovation de la gauche.

Léon Trotski

(pseudonyme de Lev Davidovitch Bronstein). Né en 1879, il fut l'un des principaux artisans de la révolution soviétique de 1917. Il fut évincé par Staline, puis assassiné sur l'ordre de celui-ci en 1940, après avoir fondé, en 1938, une IVe Internationale en opposition à la IIIe Internationale, dominée par les staliniens.

Les dissidents du communisme

Les seules organisations d'extrême gauche réellement présentes dans la politique française sont les mouvements trotskistes. Faibles et divisés, ils ont en commun la critique du PCF, accusé d'avoir trahi la cause de la révolution communiste, à laquelle eux-mêmes restent attachés. Ils partagent aussi une relative indifférence à l'égard de la compétition électorale, où leur audience est peu importante. Leurs efforts portent plutôt sur des actions de mobilisation du monde du travail, notamment à travers l'activité syndicale.

Leur influence, non négligeable dans les années 1930, reste par la suite minime jusqu'à la crise de mai 1968. Leurs militants y jouent un rôle actif, avant de retourner progressivement à la marginalité.

Les organisations trotskistes les plus visibles sont :

– la Ligue communiste révolutionnaire (LCR), dirigée par Alain Krivine, qui a eu, dans les années 60, une certaine audience chez les étudiants et les intellectuels.

– Lutte ouvrière (LO), mieux implantée dans les entreprises (et dans le syndicat CGT-FO). Sa porte-parole, Arlette Laguiller, a acquis une certaine popularité au fil de ses candidatures aux élections présidentielles, jusqu'à obtenir 5,3 % des voix en 1995.

Mao Tsé-Toung (1893-1976).

– le Parti des travailleurs (PT), présent en particulier chez les fonctionnaires (en particulier enseignants) et dans leurs syndicats.

En dehors du trotskisme, et issus comme lui du mouvement communiste, des mouvements « maoïstes » apparaissent dans les années 1960, après la rupture entre l'URSS et la Chine de Mao Tsé-Toung, dont ils se réclament. Pour eux aussi, la période faste est celle de mai 1968 et des quelques années qui suivent. Mais leur audience diminue ensuite.

À la différence de ce qui se passe en Allemagne et en Italie, l'extrême gauche française, après 1968, ne verse pas dans le terrorisme, à l'exception de quelques individus isolés dans le groupe Action directe.

Tentatives de rénovation de la gauche

À l'image de ce que tente, de 1960 à 1988, le Parti socialiste unifié (PSU), dont le rôle dans la gauche est sensiblement plus important que ses effectifs et ses scores électoraux, divers groupes tentent, depuis quelques années, de se constituer aux limites de l'extrême gauche, de la gauche et de l'écologie.

Fondés pour la plupart par d'anciens membres du PCF et du PS, ils ont pour ambition de s'appuyer sur les thèmes et les sensibilités qui se sont développés depuis 1968 : refus des bureaucraties partisanes et du sectarisme idéologique, écologie, féminisme, liens avec le monde associatif…

Ces efforts n'ont guère abouti qu'à des regroupements éphémères ou à l'audience limitée, comme l'Alternative rouge et verte (AREV) et l'Alternative pour la démocratie et le socialisme (ADS).

Mouvement anarchiste

Puissant dans le monde ouvrier à la fin du XIXe et au début du XXe siècle, le courant anarchiste* n'est plus guère représenté que par la Fédération anarchiste (moins de 1 000 adhérents) et des groupes « autonomes » inorganisés.

L'extrême gauche française, faible et dispersée, est constituée pour l'essentiel par les organisations trotskistes. D'autres mouvements tentent de se former depuis peu, à la frontière de l'extrême gauche, de la gauche et de l'écologie.

Du Mouvement des radicaux de gauche à Radical

Le Mouvement des radicaux de gauche, qui prend en 1995 le nom de Radical, est l'un des deux héritiers du grand parti radical de la IIIe République.

Le MRG : de la minorité du radicalisme à la minorité de la gauche

En 1972, la minorité de gauche du parti radical (*voir* pp. 30-31), hostile à l'orientation centriste de ce dernier, se rallie au programme commun élaboré par le parti communiste et le parti socialiste. Exclue du parti, elle constitue le Mouvement de la gauche radicale socialiste, qui devient, en janvier 1973, le Mouvement des radicaux de gauche (MRG).

Très minoritaire à l'intérieur de l'union de la gauche, le MRG va pratiquer une alliance privilégiée avec le parti socialiste. Ce qui se traduira, dans la plupart des cas, par la présentation de candidats communs aux élections.

Le rapport de forces extrêmement déséquilibré entre le PS et le MRG fait souvent apparaître ce dernier comme un simple satellite de son puissant allié socialiste. C'est pourquoi ses dirigeants tenteront à diverses reprises d'affirmer l'identité et l'autonomie de leur mouvement, mais sans en avoir réellement les moyens, même s'ils détiennent localement quelques positions de force, surtout dans le Sud-Ouest. Ainsi, en 1981, la candidature à l'élection présidentielle de Michel Crépeau, à l'époque président du MRG, ne recueille que 2,2% des suffrages*. Cependant, les radicaux de gauche participent à tous les gouvernements à direction socialiste, de 1981 à 1986, et de 1988 à 1993.

Jean-François Hory, président de Radical jusqu'en octobre 1995.

« L'effet Tapie » et la naissance de Radical

En février 1993, l'homme d'affaires et président de l'Olympique de Marseille Bernard Tapie adhère au MRG. Son début de carrière politique s'est jusque-là déroulé hors de tout parti. Les listes qu'il a patronnées aux élections régionales de 1992 portent le nom d'Énergie Sud. Son adhésion met au service de ses ambitions politiques une étiquette et une structure nationale. En contrepartie, le MRG, que préside Jean-François Hory, peut espérer profiter de la popularité et du dynamisme de Tapie pour tenter à nouveau de s'affirmer comme une force autonome.

De fait, aux élections européennes de 1994, la liste « Énergie radicale », conduite par Bernard Tapie, remporte un incontestable succès : 12 % des suffrages, recueillis notamment dans des régions (Sud-Est, Lorraine…) et dans des milieux sociaux (jeunes, catégories populaires, chômeurs…) où le MRG était peu influent. Pour illustrer et prolonger sa rénovation, le MRG adopte, en novembre 1994, de nouveaux statuts et un nouveau nom : Radical.

La désillusion

L'euphorie est de courte durée. Les démêlés de Tapie avec la justice l'écartent (provisoirement?) de la vie politique. Privé de son porte-drapeau, Radical, qui prétend pourtant avoir 25 000 adhérents en 1995, retombe dans la marginalité. La tentative de candidature de son président, Jean-François Hory, à l'élection présidentielle de 1995, échoue. Elle débouche sur un ralliement, à contrecœur, au candidat socialiste Lionel Jospin. Au sein même de Radical, Jean-François Hory est contesté par nombre de notables du parti.

Il doit en abandonner la présidence en octobre 1995.

**Bernard Tapie est élu député des Bouches-du-Rhône en 1989 et réélu en 1993.
Il est ministre de la Ville dans le gouvernement de Pierre Bérégovoy (1992-1993).
En 1995, il est mis en liquidation judiciaire et devient inéligible pour cinq ans. Puis il est condamné à une peine de prison.**

Le MRG est issu d'une scission du parti radical, dont ses fondateurs représentent l'aile gauche. Allié très minoritaire du PS, il connaît, avec l'adhésion de Bernard Tapie en 1993, une brève période d'expansion.

Le parti radical

Le parti radical est le plus ancien des partis français existant actuellement. Il est fondé en 1901 sous le nom de Parti républicain radical et radical-socialiste. Il est parfois appelé parti radical valoisien, car son siège se trouve place de Valois, à Paris.

Le grand parti de la Troisième République (1875-1940)

En 1901, le parti radical se constitue en rassemblant divers comités, associations et loges maçonniques. Il est l'héritier d'un courant, le radicalisme. Celui-ci incarne, dès la première moitié du XIXᵉ siècle, l'idéal républicain, la lutte pour les libertés individuelles et le suffrage universel* (masculin), le rationalisme et l'anticléricalisme*.

Il va contribuer de façon décisive à la consolidation du régime républicain. Devenu le parti dominant de la Troisième République, il évolue vers une attitude plus gestionnaire et conservatrice, attachée à la défense de la petite propriété, face à la montée des mouvements socialistes puis communistes.

Constamment divisé en tendances, il s'allie tantôt avec des partis situés à sa droite, tantôt avec les socialistes et même, dans le Front populaire (1936), avec les communistes.

Le « parti-charnière » de la Quatrième République (1946-1958)

À la Libération en 1944, le parti radical est affaibli par le discrédit de la IIIᵉ République, qu'il avait si bien incarnée. Son audience électorale reste faible tout au long de la IVᵉ République. Le Rassemblement des gauches républicaines (RGR) l'associe notamment à l'Union démocratique et socialiste de la

Ministres radicaux

De 1900 à 1939, des ministres radicaux détiennent le ministère de l'Intérieur et celui de l'Agriculture pendant 23 ans, celui de l'Instruction publique pendant 21 ans.

Avril 1958 : Pierre Mendès France arrivant à l'Élysée.

Résistance, petite formation de sensibilité radicale dont François Mitterrand est l'un des leaders. Mais le RGR ne dépasse guère 10 % des suffrages.

Toutefois, le parti radical réussit à jouer un rôle clé dans la vie parlementaire et gouvernementale, grâce à sa position « charnière » : entre la gauche, dont il se rapproche pour la défense de la laïcité, et la droite, dont il partage le conservatisme social. De plus, les radicaux vont être présents dans tous les gouvernements et diriger la moitié d'entre eux sous la IVe République.

Octobre 1971 : Jean-Jacques Servan-Schreiber est élu président du parti radical lors du congrès de Suresnes.

Miné par les divisions et les scissions, il dépérit cependant, et la tentative de rénovation conduite par Pierre Mendès France, de 1955 à 1957, échoue.

La marginalisation

L'avènement de la Ve République en 1958 précipite le déclin du parti radical. Celui-ci subit un effondrement électoral et n'a plus les moyens d'être une force autonome. Après s'être allié aux socialistes dans le cadre de la Fédération de la gauche démocrate et socialiste (FGDS) en 1967-1968, il s'oriente vers sa droite sous la présidence (1971-1975) de Jean-Jacques Servan-Schreiber. En 1971, il participe, avec le Centre démocrate, à la constitution du Mouvement réformateur qui ambitionne de créer une force centriste. Cette stratégie échoue, de même que la tentative de rénovation du parti conduite par Jean-Jacques Servan-Schreiber. De plus, l'aile gauche du parti, qui conteste l'orientation centriste, est exclue. Elle va fonder, en 1973, le Mouvement des radicaux de gauche (MRG, *voir* pp. 28-29).

En 1978, il confirme son évolution vers la droite en entrant dans l'UDF, dans laquelle son poids est minime. Depuis 1994, André Rossinot est son président.

Doyen des partis français, le parti radical est aujourd'hui une composante minoritaire de l'UDF, après avoir été le grand parti de la IIIe République et avoir joué un rôle notable sous la IVe.

Le « centrisme » démocrate chrétien : du MRP au CDS

Le courant démocrate-chrétien n'a jamais joué en France le rôle décisif qu'il a eu en Italie ou en Allemagne. Les partis qui l'ont incarné ont toujours cherché à occuper une position « centriste ». Mais ils ont rarement échappé à des alliances avec la droite.

Jean Lecanuet (1920-1993)

Président du MRP (1963-1966), puis du Centre démocrate (1966-1976), et du CDS (1976-1982), il fut le premier président de l'UDF (1978-1988). Il fut aussi ministre, député, sénateur, député européen, président du conseil général de la Seine-Maritime et maire de Rouen de 1968 jusqu'à sa mort.

Robert Schuman (1886-1963)

Le MRP : du centrisme de gauche au centrisme de droite

À la fin de la Seconde Guerre mondiale, le Mouvement républicain populaire (MRP) est fondé par des militants catholiques issus de la Résistance, qui souhaitent rompre avec l'assimilation du catholicisme au conservatisme. Leurs idées sociales ne sont pas très éloignées de celles des partis de gauche. Le MRP va jouer un rôle important sous la IVe République. Mais il évolue vers la droite, en partie sous l'influence de son électorat, nettement plus conservateur que les fondateurs du parti.

Au début de la Ve République, le MRP soutient le général de Gaulle. Il rompt avec lui en 1962, en raison de divergences sur la construction européenne, à laquelle le MRP est très attaché. Certains de ses membres, en particulier Robert Schuman, y ont apporté une contribution décisive. Il entre également en conflit avec de Gaulle à propos de la révision constitutionnelle de 1962.

Le Centre démocrate et l'échec du centrisme d'opposition

En 1965, le président du MRP, Jean Lecanuet, se présente à l'élection présidentielle contre le général de Gaulle et contre François Mitterrand. L'année suivante, il fonde le Centre démocrate (CD), qui va succéder au MRP. Le but est de créer une force d'opposition centriste, refusant de s'allier aux gaullistes aussi bien qu'aux communistes. Mais en 1969, une partie des dirigeants

REPÈRES   IDENTI

et des élus du CD se rallient au gaulliste Georges Pompidou, élu président de la République. Ils constituent alors une organisation centriste concurrente, le Centre Démocratie et Progrès (CDP), qui va participer au pouvoir.

Le CDS : réunification du centrisme et entrée dans l'UDF

François Bayrou,
actuel président de
Force Démocrate,
ex-CDS.

Le CD et le CDP se réunifient, en mai 1976, dans le cadre d'un nouveau mouvement, le Centre des démocrates sociaux (CDS), qui sera présidé par Jean Lecanuet jusqu'en mai 1982. C'est la conséquence du rassemblement des centristes derrière la candidature de Valéry Giscard d'Estaing, élu président de la République en 1974. Dans la même logique, le CDS participe en 1978 à la constitution de l'UDF (*voir* pp. 36-37), que Jean Lecanuet présidera jusqu'en 1988. Il entend continuer à y représenter un courant « humaniste, démocrate, libéral, européen ». En décembre 1994, François Bayrou devient président du CDS, succédant à Pierre Méhaignerie. Les effectifs du CDS et sa représentation parlementaire sont relativement modestes. Il connaît des tensions en son sein et avec ses alliés. Mais le rôle de ses leaders n'est pas négligeable : Dominique Baudis conduit la liste de la majorité gouvernementale aux élections européennes de 1994, René Monory est président du Sénat, sept membres du CDS appartiennent au gouvernement nommé en mai 1995. À l'élection présidentielle de 1995, le CDS s'est fortement engagé derrière la candidature d'Édouard Balladur, avant de se rallier à Jacques Chirac au second tour. En novembre 1995, le parti prend le nom de Force Démocrate, toujours sous la présidence de François Bayrou.

Le Centre des démocrates sociaux, rebaptisé Force Démocrate, est l'héritier de la tradition démocrate-chrétienne.
Il est l'une des composantes, la deuxième par son importance, de l'Union pour la démocratie française (UDF).

La droite libérale : du CNI au parti républicain

Le parti républicain et le Centre national des indépendants et paysans (CNI) sont les principaux héritiers de la tradition conservatrice libérale française.

Juin 1994 : conseil national du parti républicain.
De gauche à droite : **Alain Madelin, Gérard Longuet et François Léotard.**

Les modérés et de Gaulle

Au début de la Ve République, ceux qu'on appelle les modérés, c'est-à-dire les représentants de la droite libérale, soutiennent le général de Gaulle. Leur principal parti est le CNI, fondé en 1948.

Lorsqu'en 1962 de Gaulle entre en conflit avec l'ensemble des partis non gaullistes, le CNI subit un grave échec électoral. Une partie de ses membres choisit alors, sous la conduite de Valéry Giscard d'Estaing, de poursuivre l'alliance avec les gaullistes au Parlement* et au gouvernement. Ces dissidents créent un « Centre d'études et de liaison des Républicains indépendants » qui deviendra, en 1966, la Fédération nationale des Républicains indépendants.

Les Républicains indépendants : « minorité de la majorité »

Jusqu'en 1974, les « giscardiens » font partie de la majorité au pouvoir. Mais ils y figurent en position minoritaire et leurs rapports avec les gaullistes et leur chef sont parfois tendus. Certains d'entre eux s'opposent même à de Gaulle lors du référendum d'avril 1969 (portant notamment sur le rôle du Sénat), qui aboutit au départ du général.

Valéry Giscard d'Estaing s'efforce de faire de son parti un mouvement de notables moderne, « libéral, centriste, européen », se distinguant de la droite traditionnelle, sinon par ses orientations fondamentales, du moins par son style. Parallèlement, les clubs Perspectives et Réalités, créés en 1965, jouent le rôle de « laboratoires de la doctrine ».

Entre Chirac et Balladur

À l'élection présidentielle de 1995, Alain Madelin et Charles Millon se rallient à Jacques Chirac, tandis que la majorité du PR soutient Édouard Balladur.

Des Républicains indépendants au parti républicain

Le 19 mai 1974, les Républicains indépendants triomphent : Valéry Giscard d'Estaing est élu président de la République. Ils deviennent le « parti du Président ». Ils vont mettre à profit cette dynamique pour mieux structurer leur mouvement et tenter d'élargir son recrutement : c'est

Républicains Indépendants

la naissance, en mai 1977, du parti républicain (PR), qui va devenir la formation la plus importante de l'UDF (*voir* pp. 36-37).

À partir de 1985, une nouvelle génération arrive aux commandes du PR, symbolisée par « la bande à Léo » : Philippe Léotard (président du PR de 1977 à 1990, puis, à nouveau, depuis juin 1995), Gérard Longuet, Alain Madelin. Mais les rivalités entre leaders, le problème des relations avec le RPR, les affaires financières affectant le parti et certains de ses dirigeants compromettent les ambitions du PR.

Avril 1972 : réunion des Républicains indépendants autour de Valéry Giscard d'Estaing.

Dissidence de Philippe de Villiers et survie du CNI

En 1994, Philippe de Villiers, député de la Vendée, rompt avec le PR pour présenter, avec un certain succès (12,4 % des voix), sa propre liste aux élections européennes. Il fonde ensuite le Mouvement pour la France, tourné vers la droite catholique et traditionaliste, puis essuie un échec à l'élection présidentielle de 1995 (moins de 5 % des voix).

Quant au CNI, présidé depuis 1992 par Jean-Antoine Giansily, il poursuit une existence relativement marginale, aux frontières de la droite et de l'extrême droite.

> Le parti républicain est la principale composante de l'UDF. Il a pour origine une scission du Centre national des indépendants, opérée en 1962 par Valéry Giscard d'Estaing et ses partisans, favorables à l'alliance avec les gaullistes.

L'Union pour la démocratie française (UDF)

L'UDF n'est pas un parti politique, mais une association (confédération) de partis et de mouvements, qui conservent une totale autonomie dans leur organisation et leurs orientations.

Origine et composition

L'UDF trouve son origine dans l'élection, en 1974, de Valéry Giscard d'Estaing à la présidence de la République. À l'initiative de celui-ci, les partis qui ont soutenu sa candidature se rassemblent, en 1978, dans l'Union pour la démocratie française. Ce nom fait référence à l'ouvrage publié par Valéry Giscard d'Estaing en 1976 : *Démocratie française*.

Le parti républicain et le CDS sont les deux principaux partis qui la composent. Les autres composantes, très minoritaires, sont :

– le parti radical ;

– le Parti social démocrate (PSD), ancien Mouvement démocrate socialiste de France, fondé en 1973 par d'anciens socialistes qui refusaient l'alliance avec les communistes ;

– le Parti populaire pour la démocratie française (PPDF) qui a pris, en juillet 1995, la succession des clubs Perspectives et Réalités, créés en 1965 par des proches de Valéry Giscard d'Estaing ;

– les « Adhérents directs », entrés à l'UDF sans appartenir à l'un des mouvements qui la composent.

Depuis 1988, l'UDF a pour président Valéry Giscard d'Estaing. Il a succédé à Jean Lecanuet, qui exerçait cette fonction depuis 1978.

Objectifs

L'ambition des fondateurs de l'UDF était de regrouper les partis du centre et de la droite non gaulliste, pour faire contrepoids au RPR, qui était à la fois leur allié au pouvoir et leur concurrent au sein de la droite.

Selon les termes de sa « Charte » de 1992, l'UDF se réclame d'une option « libérale », « sociale », « décentralisatrice » et « européenne ». Dans la réalité, les électeurs* de l'UDF sont peu différents de ceux du RPR en ce qui concerne leurs caractéristiques sociales et même politiques.

1989 : Jean Lecanuet et Valéry Giscard d'Estaing réunis au sein de l'UDF.

Remises en cause

Bien qu'elle ait réussi à apparaître aux yeux des Français comme l'une des deux grandes forces de la coalition de droite, l'UDF n'a jamais vraiment affirmé son identité. Elle n'a pas non plus surmonté les tensions entre personnes et entre organisations qui existent en son sein. Son rôle s'est limité pour l'essentiel à coordonner le choix des candidats aux élections, ainsi que l'action des députés appartenant aux partis qui la composent.

À l'occasion de l'élection présidentielle de 1995, elle n'est pas parvenue à présenter un candidat issu de ses rangs et s'est divisée sur le choix entre les deux candidats du RPR. Une forte majorité s'est engagée derrière Édouard Balladur, la minorité (les clubs Perspectives et Réalités, des personnalités comme Alain Madelin et Charles Millon) soutenant Jacques Chirac.

La victoire de ce dernier a amoindri la position de l'UDF qui, depuis lors, tente de surmonter ses divisions et de rénover ses structures.

Constituée en 1978 à l'initiative de Valéry Giscard d'Estaing, l'UDF regroupe les partis du centre et de la droite non gaulliste alliés au RPR.

Les partis gaullistes (1) : du RPF à l'UDR

Le courant gaulliste et les mouvements successifs qui l'ont représenté trouvent leur origine dans le rôle historique joué par le général de Gaulle de 1940 à 1944. Chef de la France libre, de Gaulle incarne le refus de la défaite et la résistance à l'occupation allemande. Après la guerre, le gaullisme va s'organiser comme courant politique, d'abord sous la direction du général lui-même, puis indépendamment de lui.

Charles de Gaulle
(1890-1970).

Le RPF : le parti de de Gaulle

Après avoir dirigé le premier gouvernement de la France libérée, de Gaulle quitte le pouvoir en janvier 1946. Hostile au régime de la IVe République, auquel il reproche de ne pas assurer l'autorité de l'État et de faire une place excessive aux partis, il fonde, en avril 1947, le Rassemblement du peuple français (RPF).

Dans l'esprit de de Gaulle, le RPF ne doit pas être un parti. Il doit rassembler des Français de toutes appartenances, pour constituer un mouvement de masse dirigé à la fois contre le « système » (le régime de la IVe République) et les « séparatistes » (les communistes). Il va en fait apparaître comme un parti nettement marqué à droite, qui sera tenu à l'écart par les autres forces politiques. Le RPF connaît des succès importants, mais ne parvient pas au pouvoir. En 1953, de Gaulle le retire de toute activité électorale et parlementaire, puis le met en sommeil, s'écartant lui-même de la vie politique.

De l'UNR à l'UDR : les partis pour de Gaulle

Lorsque de Gaulle revient au pouvoir en 1958 et fonde la Ve République, ses partisans constituent un nouveau mouvement : l'Union pour la nouvelle République (UNR). Celle-ci n'est pas dirigée par de Gaulle lui-même, mais son programme et sa raison d'être peuvent se résumer à un soutien inconditionnel au général. En 1962, l'UNR fusionne avec une organisation de « gaullistes de gauche », l'Union démocratique du travail, et prend alors le nom d'UNR-UDT.

Georges Pompidou (1911-1974).

Le mouvement gaulliste connaîtra d'autres transformations. En 1967, il devient l'Union des démocrates pour la Ve République (UD Ve), puis, en 1968, l'Union des démocrates pour la République (UDR). Il va survivre à de Gaulle, qui quitte le pouvoir en 1969 et meurt en 1970. Georges Pompidou, successeur du général, va imprimer au parti gaulliste une orientation qui le rapprochera de la droite traditionnelle, que la politique de de Gaulle inquiétait sur bien des points : pouvoir fort s'appuyant sur le peuple au moyen du référendum, intervention de l'État dans l'économie, autonomie de la France vis-à-vis des États-Unis, décolonisation…

De l'hégémonie à la crise

Jusqu'en 1974, les gaullistes détiennent quasiment sans partage tous les leviers du pouvoir. Mais ils vont perdre, par étapes, leurs positions clés.

En 1974, après la mort de Pompidou, Valéry Giscard d'Estaing est élu président de la République, après avoir devancé le candidat gaulliste Jacques Chaban-Delmas. L'échec de celui-ci est d'autant plus sensible qu'il est dû, en partie, à la défection de certains dirigeants et élus gaullistes, parmi lesquels Jacques Chirac. Ce dernier, nommé Premier ministre par Giscard d'Estaing, prend le contrôle de l'UDR. Mais il quitte à son tour le pouvoir gouvernemental en 1976, abandonnant au centriste Raymond Barre un poste que les gaullistes ont toujours occupé depuis 1958.

Le RPF (1947-1953) est le seul parti gaulliste fondé et dirigé par de Gaulle lui-même. Avec la Ve République, il est remplacé par l'UNR puis l'UDR, toujours d'inspiration gaulliste.

Les partis gaullistes (2) : le RPR

En décembre 1976, Jacques Chirac fonde le Rassemblement pour la République (RPR). Il en restera président jusqu'en 1994. À la fois allié et rival de l'UDF, le RPR s'impose finalement comme la principale force de droite en France.

LE RASSEMBLEMENT POUR LA REPUBLIQUE

Naissance du RPR et concurrence avec l'UDF

Le parti doit faire face au nouveau rapport de forces au sein de la droite : le pouvoir est entre les mains de ses alliés « giscardiens », qui se regroupent, en 1978, dans le cadre de l'UDF (*voir* pp. 36-37). Les deux formations restent alliées dans la majorité gouvernementale, ainsi qu'à l'occasion de la plupart des élections. Mais le RPR adopte une attitude de plus en plus critique à l'égard du gouvernement dirigé par Raymond Barre.

Opposition et cohabitation

En mai 1981, François Mitterrand est élu président de la République et le PS triomphe aux élections législatives. Pour la première fois depuis 1958, les gaullistes sont dans l'opposition. Jacques Chirac, avec 18 % des voix, a été devancé au premier tour par Valéry Giscard d'Estaing (27,8 %). Il va pourtant, dans ce nouveau contexte, faire du RPR le principal parti d'opposition. Lorsque la droite remporte les élections législatives de 1986, le RPR obtient un plus grand nombre de députés que l'UDF. Jacques Chirac redevient Premier ministre, dans le cadre de la première « cohabitation » entre un président de la République de gauche et un gouvernement de droite.

En 1988, la réélection de François Mitterrand contre Jacques Chirac et l'élection d'une nouvelle majorité de gauche à l'Assemblée nationale renvoient le RPR et l'UDF dans l'opposition. Dans le combat commun pour la reconquête du pouvoir (le RPR et l'UDF s'associent dans une « Union pour la France »), le RPR va de nouveau affirmer sa prédominance à droite.

Alain Juppé, actuel Premier ministre et maire de Bordeaux.

Retour au pouvoir

Les élections législatives de 1993, gagnées par la droite, débouchent sur une nouvelle « cohabitation ». Une fois de plus, le RPR est la force dominante à l'Assemblée nationale et le poste de Premier ministre lui revient. Mais Jacques Chirac laisse Édouard Balladur exercer cette fonction, pour mieux se préparer à la future élection présidentielle.

Le 7 mai 1995, Jacques Chirac est élu président de la République. Or, il a dû affronter au premier tour Édouard Balladur, membre du RPR comme lui, mais soutenu par l'UDF, dont aucun membre n'est candidat. Alain Juppé, qui a succédé à Jacques Chirac à la présidence du RPR, est nommé Premier ministre à la tête d'un gouvernement dominé par les « chiraquiens ». Jean-François Mancel devient secrétaire général du RPR.

Jacques Chirac et Édouard Balladur lors des journées parlementaires du RPR à La Rochelle en septembre 1993.

Puissance et tensions

Face à une UDF morcelée, le RPR est devenu le grand parti qui a toujours fait défaut à la droite française. Parti « chiraquien », il a abandonné quelques-unes des orientations qui faisaient la spécificité du gaullisme, notamment par son ralliement au libéralisme* économique. Et son électorat se distingue de moins en moins de celui de la droite classique.

Mais le RPR, c'est aussi un lieu de tensions : contestation interne animée par Philippe Séguin et Charles Pasqua, division lors du référendum de 1992 sur le traité de Maastricht et, surtout, affrontement en 1995 entre Jacques Chirac et Édouard Balladur (soutenu par Charles Pasqua) ; ce qui a profondément troublé militants et électeurs*. Jacques Chirac et ses partisans sont pourtant sortis renforcés de ces épreuves.

> Le RPR est l'actuel héritier du gaullisme. Créé par Jacques Chirac, il est devenu le principal parti de la droite française. Il exerce le pouvoir depuis mai 1995.

Le Front national

Le Front national est le seul parti d'extrême droite qui ait atteint un niveau d'influence à la fois élevé et durable en France depuis la fin de la Deuxième Guerre mondiale.

FN

Origines

Le Front national est fondé en 1972, sous l'autorité de Jean-Marie Le Pen, qui en est resté, depuis lors, le président. Il rassemble en son sein des représentants de divers courants situés à l'extrême droite de la vie politique française : monarchistes, anciens sympathisants du régime de Vichy*, rescapés de la collaboration avec l'Allemagne nazie, catholiques intégristes, anciens militants poujadistes, anciens partisans de l'Algérie française ayant parfois appartenu à l'OAS, nationalistes de diverses tendances…

Étapes du succès

Jusqu'en 1983, le FN reste un parti marginal. Ses candidats obtiennent toujours moins de 1 % des votes des électeurs*. Jean-Marie Le Pen lui-même ne recueille que 0,7 % des suffrages* à l'élection présidentielle de 1974. Il ne parvient même pas à être candidat en 1981, faute d'avoir recueilli les 500 signatures nécessaires pour se présenter. C'est avec les élections européennes de 1984 que le FN « décolle » réellement sur le plan électoral : la liste conduite par Jean-Marie Le Pen recueille 11 % des voix. À partir de là, les scores du FN ne seront jamais inférieurs à 9 % des suffrages. Jean-Marie Le Pen les portera à leur niveau le plus élevé aux élections présidentielles de 1988 (14,4 %) et 1995 (15 %). La bonne implantation du parti est confirmée aux élections municipales de 1995, où trois grandes villes, Marignane, Orange et Toulon élisent des maires appartenant au FN.

OAS

L'Organisation armée secrète (OAS) a recours au terrorisme à la fin de la guerre d'Algérie (1961-62) pour tenter de s'opposer à l'indépendance de l'Algérie.

Poujadisme

L'Union de défense des commerçants et artisans est créée en 1953 par Pierre Poujade. C'est un mouvement de protestation dirigé d'abord contre le fisc. Il se transforme en mouvement politique antiparlementaire, xénophobe et nationaliste, et recueille 11,6 % des suffrages en 1956. Il ne survit pas à l'avènement de la Ve République.

Orientations du FN

Les thèmes principaux que développent les dirigeants du FN sont la dénonciation de l'État, des partis et des hommes politiques, accusés d'être corrompus et, surtout, la lutte contre l'immigration et les immigrés. Ce sont eux que le FN rend responsables des difficultés que connaît la France : chômage, insécurité, problèmes de santé publique, etc. Le FN attise et exploite systématiquement les inquiétudes des Français et, de façon plus ou moins explicite, les tendances xénophobes*, racistes ou antisémites* existant dans une partie de la population.

Raisons et formes du succès

La persistance de la crise économique et sociale, l'impuissance des gouvernements de gauche comme de droite devant ses conséquences, ainsi que les scandales politico-financiers ont favorisé la montée du FN. Celui-ci est apparu à beaucoup de Français, qui ne partagent pas forcément l'ensemble des idées d'extrême droite, comme un moyen d'exprimer leur mécontentement, leurs déceptions et leurs angoisses.

C'est dans les milieux les plus touchés par la crise que Jean-Marie Le Pen et son parti obtiennent leurs meilleurs résultats. Le Pen arrive en tête chez les ouvriers en 1995. Les régions fortement urbanisées de la moitié est de la France, où la population immigrée est nombreuse, sont les plus favorables au FN. Il a aussi bénéficié de situations particulières, liées à l'histoire et à la culture locales, comme en Alsace ou dans les régions à forte présence de « pieds-noirs ».

Le Front national, seul parti d'extrême droite important en France, s'est affirmé à partir de 1984. Il a bénéficié des inquiétudes engendrées par la crise économique et de la perte de confiance d'une partie des Français à l'égard des grandes forces politiques.

Les partis écologistes : ni gauche ni droite ?

C'est à la fin des années 1960 que se développe en France le courant écologiste avec, pour thèmes de mobilisation, la protection de la nature, de l'environnement et, en particulier, la lutte anti-nucléaire.

L'entrée en politique

La première intervention significative des écologistes sur le terrain électoral est la candidature de René Dumont à l'élection présidentielle de 1974. À partir de là, ils seront constamment représentés aux élections, mais, jusqu'en 1989, leurs scores seront toujours inférieurs à 5 % des suffrages* au niveau national.

Parallèlement, des organisations écologistes se structurent et acceptent d'apparaître comme des partis politiques. Ce processus aboutit en 1984 à la création des « Verts, Confédération écologiste – Parti écologiste ».

L'ascension

À la fin des années 1980, les écologistes, qui ont déjà réussi à imposer leurs préoccupations dans le débat politique, bénéficient de la crise de confiance qui frappe les grands partis. Ils attirent certains « déçus du socialisme » et des citoyens qui contestent le clivage gauche-droite.

Leurs électeurs* sont particulièrement nombreux en milieu urbain, chez les jeunes, et chez les salariés ayant un niveau de vie et d'instruction relativement élevé. Ils sont, dans leur majorité, plus proches de la gauche que de la droite.

Aux élections européennes de 1989, les Verts obtiennent pour la première fois plus de 10 % des suffrages et font leur entrée au Parlement européen.

Les crises

La transformation du mouvement écologiste en parti politique ne va pas sans difficultés. L'ambition de « faire de la politique autrement » n'empêche ni les rivalités de personnes ni les divergences stratégiques quant à l'attitude à adopter vis-à-vis des autres forces politiques et de l'affrontement droite-gauche.

En 1990, alors qu'Antoine Waechter, leader des Verts, refuse toujours de choisir entre gauche et droite, se crée Génération Écologie (GE), parti présidé par Brice Lalonde, membre du gouvernement de gauche.

Aux élections régionales de 1992, les écologistes obtiennent leur meilleur résultat électoral : 14,6 % des suffrages, répartis à peu près également entre les Verts et GE. Mais leurs divisions et leurs difficultés à se situer dans l'espace politique aboutissent à des résultats décevants aux élections législatives de 1993 (7,8 %) et européennes de 1994 (moins de 5 %). Les crises s'aggravent alors : Antoine Waechter quitte les Verts pour fonder, en septembre 1994, le Mouvement écologiste indépendant. Les opposants à Brice Lalonde quittent GE. L'élection présidentielle de 1995, à laquelle Lalonde et Waechter n'ont pas réussi à se présenter, est un échec pour Dominique Voynet (3,3 %). Elle représente la nouvelle orientation des Verts, tournée vers l'alliance avec la gauche ou l'extrême gauche.

Vingt ans après l'apparition des écologistes sur le terrain politique, leur principal succès est d'avoir sensibilisé l'ensemble de l'opinion et des forces politiques aux problèmes de l'environnement.

Scores des écologistes aux élections

– présidentielles :

1974 (René Dumont) :	1,3 %
1981 (Brice Lalonde) :	3,9 %
1988 (Antoine Waechter) :	3,8 %
1995 (Dominique Voynet) :	3,3 %

– européennes :

1979 :	4,4 %
1984 :	3,4 %
1989 :	10,6 %
1994 :	4,9 %

Ci-dessous :
René Dumont, premier candidat écologiste à l'élection présidentielle de 1974.

Les écologistes connaissent un certain succès avec le parti des Verts, puis avec Génération Écologie. Mais leurs tensions internes et leur difficulté à se situer dans la compétition politique ont compromis leur capacité de mobilisation.

Le « système de partis » en France : alliances et clivages

Les premières années de la Cinquième République (1958-1962) rassemblent derrière le général de Gaulle l'ensemble des partis de droite et du centre, les partis de gauche étant dans l'opposition. En 1962, une rupture se produit entre les gaullistes et l'ensemble des autres partis à propos de la révision de la Constitution. Celle-ci doit conduire à l'élection du président de la République au suffrage universel. À partir de là va commencer la reconstruction du système de partis en France.

Élection présidentielle
Pour être élu président de la République, il faut obtenir la majorité absolue (plus de la moitié) des suffrages exprimés, soit au premier tour de scrutin, soit au second, auquel seuls peuvent se présenter les deux candidats arrivés en tête du premier tour.

Élections législatives de 1978 : conférence de presse de l'UDF avec Lecanuet, Soisson, Servan-Schreiber et Pinton.

Mouvement de bipolarisation*

La tentative pour constituer une alliance centriste, rassemblant le parti socialiste, les partis du centre et de la droite non gaulliste (parti radical, MRP, CNI) contre les communistes et contre de Gaulle va échouer. C'est au contraire le clivage gauche-droite qui va déterminer le jeu des alliances. Le rôle déterminant de l'élection présidentielle dans la vie politique française amène les partis à se regrouper en deux grands blocs, capables de réunir la majorité des électeurs*.

À gauche, communistes, socialistes et radicaux s'unissent derrière la candidature de François Mitterrand en 1965. Puis, en 1972, le PCF, le PS et les radicaux de gauche (MRG) adoptent un « programme commun de gouvernement ».

À droite, le ralliement des centristes à l'alliance avec les gaullistes est mené à son terme en 1974, à l'occasion de l'élection de Valéry Giscard d'Estaing à la présidence de la République. En 1978, la constitution de l'UDF (*voir* pp. 36-37) permet de rassembler les partis ayant soutenu Valéry Giscard d'Estaing. Elle consacre le rééquilibrage entre gaullistes et libéraux au sein de l'alliance de droite.

(*voir* pp. 36-37)

« Système de partis »
Cette expression désigne l'ensemble des partis et le type de relations que ces derniers entretiennent entre eux.

Le « quadrille bipolaire »

À la fin des années 1970, le système de partis est parvenu à un point d'équilibre que l'on a qualifié de « quadrille bipolaire » : quatre formations d'importance équivalente (PCF, PS, UDF, RPR), alliées deux par deux, recueillent environ 85 % des suffrages* des électeurs. Les autres partis sont marginaux.

Élections législatives de mars 1978 : Marchais, Mitterrand et Fabre annoncent un accord entre les trois partis de gauche.

Tendances à l'éclatement du système

Depuis le début des années 1980, plusieurs phénomènes ont compromis l'équilibre du « quadrille bipolaire ».
– Le déclin du PCF et la montée du PS ont entraîné un déséquilibre au sein de l'alliance de gauche, elle-même mise en cause par la dégradation croissante des rapports entre communistes et socialistes.
– La montée du Front national a perturbé l'équilibre entre gauche et droite, en posant à la droite parlementaire (UDF et RPR) le problème des alliances avec le FN.
– L'émergence du courant écologiste a exprimé le refus d'une partie des citoyens de se reconnaître dans le clivage gauche-droite.
– Enfin, la dispersion des suffrages, lors des élections des années 1990, traduit l'insatisfaction d'une fraction croissante des électeurs vis-à-vis de « l'offre électorale » que représente le « quadrille bipolaire ».
Toutefois, les systèmes d'alliances entre partis au moment des élections et, en particulier, le second tour de l'élection présidentielle de 1995, confirment la persistance de l'opposition gauche-droite.

La Cinquième République a été marquée par une « bipolarisation », qui a opposé entre elles deux alliances de partis, l'une à droite, l'autre à gauche. Depuis les années 1980, ce système connaît un certain éclatement.

Les partis et le pouvoir sous la Ve République

Le régime de la Ve République a rapidement imposé aux partis de se situer clairement par rapport au gouvernement en place : dans la majorité qui le soutient, ou dans l'opposition qui le combat.

La droite au pouvoir : prologue (1959-1962)

De janvier 1959 à mai 1981, les partis de droite, ou certains d'entre eux, sont au pouvoir sans interruption.

Cette période commence par quatre années où l'ensemble des partis de droite et du centre (UNR, CNI, MRP) participent aux gouvernements formés sous l'autorité du général de Gaulle. Ils sont dirigés par des gaullistes : Michel Debré, puis Georges Pompidou.

La droite au pouvoir : premier épisode (1962-1974)

De 1962 à 1974, le parti gaulliste (UNR, devenue UD Ve puis UDR, *voir* pp. 36-37) exerce le pouvoir en position dominante avec, pour seuls alliés, les Républicains indépendants « giscardiens » (*voir* pp. 34-35).

Les partis du centre et de la droite non gaulliste (MRP, CNI) sont alors dans l'opposition et constituent le Centre démocrate. Une fraction de celui-ci, le Centre

Première cohabitation (1986-1988) : Mitterrand et Chirac.

Démocratie et Progrès, se rallie toutefois à la majorité et participe au gouvernement à partir de 1969, sous la présidence de Georges Pompidou.

Les partis de gauche (PCF, SFIO, parti radical) restent dans l'opposition.

La droite au pouvoir : deuxième épisode (1974-1981)

En 1974, l'élection de Valéry Giscard d'Estaing à la présidence de la République a deux conséquences : la fin du « centrisme d'opposition » dont les représentants rejoignent la majorité; la fin de la domination gaulliste sur la coalition gouvernementale. Celle-ci comprend désormais les partis rassemblés, à partir de 1978, dans l'UDF (PR, CDS, parti radical), et les gaullistes de l'UDR, transformée en RPR en 1976. Ces derniers restent néanmoins le groupe le plus nombreux à l'Assemblée nationale, après avoir perdu la présidence de la République, puis le poste de Premier ministre (Jacques Chirac démissionne en 1976).

Deuxième cohabitation (1993-1995) : Mitterrand et Balladur.

L'opposition n'est alors constituée que par les partis de gauche (PCF, PS, MRG), si l'on excepte le Front national, encore marginal à l'époque.

La gauche au pouvoir et les « cohabitations » (1981-1995)

De 1981 à 1995, un socialiste, François Mitterrand, est président de la République. Mais la gauche ne gouvernera que de 1981 à 1986 puis de 1988 à 1993, les deux périodes de « cohabitation » (1986-1988 et 1993-1995) donnant la réalité du pouvoir à la droite.

De 1981 à 1986, la majorité de gauche est dominée par le PS, qui gouverne en alliance avec le MRG et le PCF (ce dernier ne participe au gouvernement que jusqu'en 1984). Il en va de même entre 1988 et 1993, mais le parti communiste est alors quasiment dans l'opposition.

Durant les deux phases de « cohabitation », une majorité parlementaire et un gouvernement de droite exercent le pouvoir face à un président de gauche. Le RPR est alors à nouveau la force dominante de la coalition qu'il forme avec l'UDF.

L'élection de Jacques Chirac à la présidence de la République, en mai 1995, met un terme à cette période en redonnant à la droite (RPR-UDF) la totalité des pouvoirs, et en confirmant la prépondérance du RPR. Les partis de gauche se retrouvent dans l'opposition, de même que le FN, qui n'en est jamais sorti.

> Les partis de droite exercent le pouvoir sans interruption de 1959 à 1981, d'abord sous la conduite des gaullistes, puis sous celle des giscardiens. Après 1981, partis de gauche et de droite alternent au gouvernement.

Enracinement géographique et social des partis

La France est diverse. Ses régions ont des traditions historiques et culturelles différentes. Il en va de même des catégories sociales qui composent la société. Cette variété se traduit sur le plan politique.

Inégalités d'implantation selon les milieux

Les partis ne reçoivent pas partout le même accueil. Chaque région, chaque groupe social a, de façon durable, une orientation politique qui prédomine. Cela explique en partie les différences d'implantation de

chaque parti selon les milieux géographiques et sociaux.

La façon la plus commode – mais ce n'est pas la seule – d'apprécier ces variations d'influence des partis consiste à observer, lors des élections, la répartition des votes sur le territoire. On dispose aussi de sondages permettant de savoir, de façon assez fiable, pour qui votent les diverses catégories d'électeurs* (hommes, femmes, jeunes, personnes âgées, agriculteurs, salariés, patrons…).

Il s'agit, dans tous les cas, d'orientations dominantes : aucune région, aucune catégorie de la population ne vote, dans sa totalité, pour un même parti.

Partage du territoire

Depuis plus d'un siècle, le partage du territoire entre la gauche et la droite est resté, dans ses grandes lignes, remarquablement stable.

La droite et les partis qui la représentent sont particulièrement puissants dans l'ouest de la France, dans l'Est (Alsace, Lorraine, Champagne) et au sud-est du Massif central (Aveyron, Cantal, Haute-Loire, Lozère, Ardèche), ainsi qu'à Paris.

Les zones de force de la gauche se situent traditionnellement dans le Nord, le Sud-Ouest, le nord et l'ouest du Massif central, le Midi méditerranéen et la banlieue parisienne.

Les principales modifications qui ont affecté cette structure au cours des dernières décennies sont l'évolution vers la droite du Sud-Est (en particulier Alpes-Maritimes et Var) et, en sens inverse, la progression socialiste dans l'Ouest.

Il est frappant de constater que cette géographie politique est étroitement liée à la géographie religieuse. Ce sont les régions les plus catholiques qui sont orientées le plus à droite.

Partage sociologique

Tout individu peut être défini par plusieurs types de caractéristiques : son sexe, son âge, sa profession, sa religion, son lieu d'habitation, etc. La religion et la situation professionnelle sont les deux critères qui pèsent le plus sur le comportement politique des citoyens.

Comme le suggérait la géographie, le lien entre pratique de la religion catholique et orientation à droite est très fort. Aux élections législatives de 1993, les candidats de droite recueillent 76 % des voix des catholiques les plus pratiquants et seulement 32 % des électeurs sans religion.

Le poids de la situation professionnelle se manifeste d'abord par l'opposition entre salariés et travailleurs indépendants, qui sont à leur compte. Les premiers votent toujours plus à gauche (35 % en 1993) que les seconds (18 %).

Plus précisément, les catégories les plus favorables à la droite sont les agriculteurs, les chefs d'entreprises, commerçants et professions libérales, alors qu'ouvriers, employés et enseignants sont traditionnellement plus orientés à gauche.

Les autres caractéristiques ont un rôle moins net ou moins stable. Les femmes, qui votaient à droite plus les hommes jusqu'en 1986, votent aujourd'hui de la même façon qu'eux. Les jeunes, qui votaient plutôt à gauche jusqu'en 1986, sont à présent plus imprévisibles.

> L'influence des divers partis varie selon les régions et les caractéristiques sociales des électeurs. On peut distinguer une France de gauche et une France de droite. Les salariés sont plus favorables aux partis de gauche, les travailleurs indépendants aux partis de droite.

Profil des électorats

On peut caractériser, dans les grandes lignes, l'implantation électorale des principaux partis français, telle qu'elle apparaît aux élections législatives de 1993.

Partis de gauche

– Le parti communiste obtient ses meilleurs résultats dans les régions traditionnellement orientées à gauche : nord de la France, nord et ouest du Massif central, Midi méditerranéen, banlieue de Paris.
Son électorat a vieilli, et ce sont les salariés modestes et moyens (ouvriers, employés, professions intermédiaires), surtout dans le secteur public, qui votent le plus pour ses candidats.
– Le parti socialiste trouve ses principales zones de force dans le Sud-Ouest et, dans une moindre mesure, dans le Nord. Ses progrès des années 1980 dans l'Ouest et l'Est sont remis en cause en 1993, mais il retrouve des satisfactions dans l'Ouest aux élections présidentielle et municipales de 1995.
Son ascension s'est appuyée sur les jeunes, les femmes et les « couches moyennes salariées » (employés, cadres, enseignants…), mais aussi sur les ouvriers. Son recul de 1993 est particulièrement sensible chez les jeunes et dans les catégories populaires (ouvriers, employés), où il ne réussit pas à profiter durablement du recul communiste.

Partis de droite

– Le RPR et l'UDF ont des électorats assez semblables. Leur implantation géographique est celle de la droite traditionnelle : l'Ouest, l'Est, le sud et l'est du Massif central, la ville de Paris ainsi que sa banlieue ouest ; s'y ajoutent les progrès du RPR en Corrèze et dans les départements voisins, liés à l'implantation personnelle de Jacques Chirac.
Ils obtiennent leurs meilleurs résultats dans les catégories généralement conservatrices : électeurs âgés,

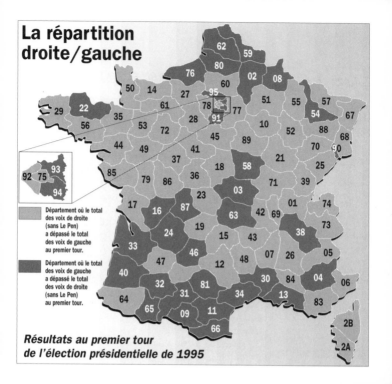

La répartition droite/gauche

Département où le total des voix de droite (sans Le Pen) a dépassé le total des voix de gauche au premier tour.

Département où le total des voix de gauche a dépassé le total des voix de droite (sans Le Pen) au premier tour.

Résultats au premier tour de l'élection présidentielle de 1995

agriculteurs, chefs d'entreprise, professions libérales.
– Le Front national présente des caractéristiques originales. Son électorat ne ressemble ni à l'électorat de droite traditionnel, ni à celui de la gauche. Il est situé plus particulièrement dans la moitié est de la France (en particulier Sud-Est et Alsace), à la périphérie de Paris, dans les zones urbaines où la crise industrielle a été la plus sensible et où l'immigration est importante. À partir de 1986, l'influence du FN s'est développée dans les milieux populaires. Ses candidats arrivent désormais en tête chez les ouvriers et les chômeurs. Les catégories qui lui sont les plus rétives sont les catholiques pratiquants, les enseignants et, d'une façon générale, les électeurs ayant un niveau d'instruction élevé.

> Si les partis politiques ont une implantation géographique et sociologique bien définie, celle-ci peut cependant évoluer au gré des crises, des mutations sociales et de l'audience personnelle des candidats.

Les Français et leurs partis

**Les Français ont-ils confiance dans leurs partis ?
Quelle image en ont-ils ? Se sentent-ils bien représentés
par eux et ont-ils envie de s'y engager ?**

Une méfiance traditionnelle

Les partis français n'ont jamais rassemblé, parmi leurs adhérents, un grand nombre de citoyens. Et leur réputation n'a jamais été très flatteuse, pour des raisons variées selon les milieux politiques.

À droite règnent, depuis la fin du XIXᵉ siècle, un individualisme traditionnel et un refus de la discipline ou de « l'embrigadement ». À cela s'ajoute l'idée que « les partis divisent », qu'ils portent atteinte à l'unité et à la cohésion nationales, en attisant ou en suscitant des conflits qui peuvent miner l'ordre établi.

À gauche, et en particulier dans les milieux ouvriers, la méfiance générale à l'égard des institutions politiques libérales, dites « bourgeoises », englobe, dès la fin du XIXᵉ siècle, les partis politiques. Le courant anarchiste*, puissant chez les ouvriers à cette époque, a contribué à écarter ceux-ci des partis politiques, y compris de ceux qui entendaient représenter la classe ouvrière.

La crise de confiance de la dernière décennie

À partir des années 1980, l'image et la capacité d'attraction des partis se dégradent encore. Leurs effectifs diminuent et ils sont frappés d'un discrédit qui touche également les hommes politiques dans leur ensemble.

Selon des sondages de la SOFRES, en 1989, 50 % des Français ne se sentent bien représentés par aucun parti ; en 1994, ils sont 70 %. Et en mars 1994, 67 % des Français déclarent avoir une mauvaise opinion des partis politiques (sondage IPSOS).

Quant aux hommes politiques, la proportion de Français qui les considèrent comme plutôt corrompus passe de 38 % en 1977 à 58 % en 1994 (sondage SOFRES).

La crise de confiance se manifeste aussi à l'occasion des élections : dans les dix dernières années, l'abstention a augmenté et un nombre important de suffrages* est allé vers des mouvements qui n'étaient pas considérés comme des partis (écologistes, liste de « chasseurs et pêcheurs », etc.). Enfin, l'activité militante s'est déplacée des partis (mais aussi des syndicats) vers des mouvements plus spécialisés et souvent plus éphémères : associations humanitaires, antiracistes, pacifistes, « coordinations » (d'infirmières, de routiers…), etc.

Pourquoi cette crise ?

Parmi les raisons susceptibles d'expliquer la défaveur dont souffrent les partis, trois peuvent être retenues :
– l'alternance au pouvoir, depuis 1981, des partis de gauche et des partis de droite, alors que des problèmes fondamentaux, comme le chômage, restent sans solution. Ce qui a déçu beaucoup de Français et leur a donné l'impression que les partis étaient, les uns comme les autres, inefficaces et éloignés de leurs préoccupations;
– les « affaires » financières ont touché successivement la plupart des partis et ont contribué à les déconsidérer ;
– le comportement des partis eux-mêmes n'a pas toujours été très attrayant : querelles de chefs, affrontements de tendances, étalage ostensible des signes du pouvoir…
Tout ceci a conduit les partis, depuis quelque temps, à un examen de conscience et, en tout cas, à une attitude plus modeste vis-à-vis des citoyens. Cela suffira-t-il pour leur rendre leur crédit ?

> Les partis politiques, qui n'ont jamais eu une très bonne réputation en France, subissent, depuis les années 1980, une crise de confiance accrue de la part des citoyens.

« Généalogie » des partis français

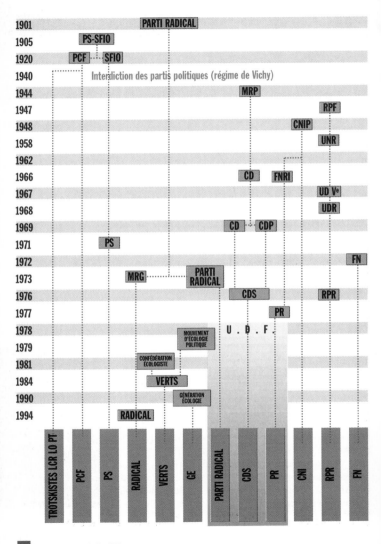

REPÈRES | IDENTITÉ

Résultats des élections législatives de 1993

en métropole (1er tour, 21 mars)

		% Inscrits	% Exprimés
Inscrits	37 871 350		
Abstentions	11 619 147	30,68	
Votants	26 252 203	69,32	
Blancs et nuls	1 383 724	3,65	
Exprimés	24 868 479		100
Ex. G.	438 973	1,16	1,77
PC	2 273 702	6	9,14
PS	4 734 416	12,50	19,04
Dv. G.	266 194	0,70	1,07
Total gauche	7 713 285	20,36	31,02
Entente Écologiste	1 949 887	5,15	7,84
Divers Écologiste	805 846	2,13	3,24
Total Écologie	2 755 733	7,28	11,08
UDF (investiture UPF)	4 735 166	12,50	19,04
UDF (non inv.)	144 975	0,38	0,58
RPR (investiture UPF)	4 936 448	13,03	19,85
RPR (non inv.)	97 855	0,26	0,39
Dv. D. (investiture UPF)	261 156	0,69	1,05
Dv. D. (non inv.)	795 994	2,10	3,20
FN	3 152 113	8,32	12,68
Ex. D.	49 809	0,13	0,20
Total droite	14 173 516	37,41	56,99
Divers	225 945	0,60	0,91

(Source : CEVIPOF) – L'Entente Écologiste regroupe les Verts et Génération Écologie. – La mention « investiture UPF » concerne les candidats de droite officiellement soutenus par l'Union pour la France, alliance de l'UDF et du RPR Abréviations : Ex. G. = extrême gauche ; Dv. G. = divers gauche ; Dv. D. = divers droite ; Ex. D. = extrême droite

Glossaire

Anarchisme : courant politique prônant la suppression de l'État et de tout pouvoir contraignant sur l'individu.

Anticléricalisme : opposition au pouvoir du clergé et à l'intervention de l'Église dans la vie politique ; au sens large : hostilité à l'Église et à la religion.

Antisémitisme : hostilité, racisme à l'égard des Juifs.

Bipolarisation : processus de regroupement des partis politiques en deux coalitions.

Centralisme démocratique : mode d'organisation originel des partis communistes de type léniniste : élection des dirigeants et prise des décisions à la majorité, application par tous des décisions prises, subordination des niveaux locaux au niveau national, interdiction des tendances internes et de l'expression publique des divergences. Le PCF a abandonné le centralisme démocratique en 1994.

Club politique : groupe de formation et de réflexion politique.

Conseiller général : membre du conseil général (assemblée, élue au suffrage universel, qui administre le département).

Conseiller municipal : membre du conseil municipal (assemblée, élue au suffrage universel, qui administre la commune).

Conseiller régional : membre du conseil régional (assemblée, élue au suffrage universel, qui administre la région).

Député : membre de l'Assemblée nationale (l'une des deux chambres formant le Parlement).

Électeur : personne disposant du droit de voter. Conditions à remplir en France aujourd'hui : être français, âgé de 18 ans au moins, s'inscrire sur les listes électorales.

Fascisme : terme désignant à la fois l'idéologie d'extrême droite, le mouvement politique et le régime autoritaire régissant l'Italie de 1922 à 1945. Thèmes dominants : nationalisme, élitisme, culte du chef (Mussolini), anticapitalisme de façade, racisme.

Front populaire (ou Rassemblement populaire) : alliance de gauche réunissant en France, de 1935 à 1938, le PCF, la SFIO et le Parti radical.
Au pouvoir de 1936 à 1938.
À la même époque, existence d'un Front populaire en Espagne.

Libéralisme : courant politique et économique né à la fin du XVIIIᵉ siècle, mettant au premier plan la liberté de l'individu face à l'État : sur le plan politique, par la garantie des libertés publiques et le pluralisme ; sur le plan écono-

mique, par la libre entreprise et la propriété pri-
vée.

**Marketing
politique :** utilisation
des méthodes de la
publicité commerciale
(études de marché, maî-
trise des moyens de com-
munication…) au service
des hommes et des partis
politiques, assimilés à des
produits qu'il faut pro-
mouvoir auprès des élec-
teurs-consommateurs.

Oligarchie : terme
d'origine grecque, signi-
fiant littéralement « gouvernement de quelques-
uns ».

Parlement : ensemble
des assemblées représen-
tant le peuple et exerçant
le pouvoir législatif au
niveau national.
En France aujourd'hui :
l'Assemblée nationale et
le Sénat.

Sénateur : membre du
Sénat (l'une des deux
chambres formant le
Parlement).

Suffrage : vote.

Suffrages exprimés :
votes considérés comme

valables et pris en compte
pour la décision électo-
rale ; les bulletins blancs
ou nuls sont exclus.

Suffrage universel :
système dans lequel le
droit de vote est accordé
à tous les citoyens sans
condition de sexe, d'ori-
gine, d'appartenance eth-
nique ou sociale ni de
ressources.
Historiquement, le suf-
frage a été considéré
comme universel en
France dès lors que le
droit de vote n'était pas
limité par la fortune ou
les ressources (1848),
alors que les femmes en
étaient exclues jusqu'en
1944.

**Vichy
(régime de) :** expres-
sion désignant le système
de « l'État français » ins-
titué du 10 juillet 1940
au 20 août 1944, sous la
direction du maréchal
Philippe Pétain, et dont
le siège se trouvait à
Vichy ; ce pouvoir, ins-
tallé sous le contrôle des
occupants allemands,
avait aboli toutes les institutions démocratiques
(notamment les partis) et
était dénué de toute légi-
timité républicaine.

Xénophobie : attitude
d'hostilité systématique
envers les étrangers.

Bibliographie

BORELLA (François), *Les partis politiques dans la France d'aujourd'hui*, éditions du Seuil, 1990.

BRECHON (Pierre), *La France aux urnes. Cinquante ans d'histoire électorale*, La Documentation française, 1995.

CAMBY (Jean-Pierre), *Le financement de la vie politique en France*, Montchrestien, 1995.

CHARLOT (Jean), *Les partis politiques et le système de partis en France*, ministère des Affaires étrangères, Direction de la Presse, de l'Information et de la Communication, 1992.

CHARLOT (Jean), *La politique en France*, Le Livre de Poche, 1994.

DUVERGER (Maurice), *Les partis politiques*, collection « Points Essais », éditions du Seuil, 1992.

LANCELOT (Alain), *Les élections sous la Ve République*, « Que sais-je ? », Presses Universitaires de France, 1988.

MÉNY (Yves), *La corruption de la République*, Fayard, 1992.

PERRINEAU (Pascal) (sous la direction de), *L'engagement politique. Déclin ou mutation ?* Presses de la Fondation nationale des sciences politiques, 1994.

PORTELLI (Hugues), *La Ve République*, Le Livre de Poche, 1994.

RÉMOND (René), *Les droites en France*, Aubier-Montaigne, 1982.

SEILER (Daniel-Louis), *Les partis politiques*, Armand Colin, 1993.

SIRINELLI (Jean-François), sous la direction de, *Dictionnaire historique de la vie politique française au XXe siècle*, Presses Universitaires de France, 1994.

SIRINELLI (Jean-François), sous la direction de, *Histoire des droites en France*, Gallimard, 1992.

SLAMA (Alain-Gérard), *Les chasseurs d'absolu, genèse de la gauche et de la droite*, Grasset, 1980.

YSMAL (Colette), *Les partis politiques sous la Ve République*, Montchrestien, 1989.

REPÈRES | IDENTIT

Adresses des principaux partis politiques

Mouvement des Radicaux de la Gauche
de la Réforme et de la République

Centre des démocrates sociaux :

133 bis rue de l'Université, 75007 Paris – Tél. : (1) 45 55 75 75

Centre national des indépendants et paysans :

146 rue de l'Université, 75007 Paris – Tél. : (1) 40 62 63 64

Front national : 11 rue Bernouilli, 75008 Paris – Tél. : (1) 45 22 25 91

Génération Écologie : 3 rue Roquépine, 75008 Paris – Tél. : (1) 44 94 30 00

Parti communiste français :

2 place du Colonel-Fabien, 75940 Paris Cedex 19 – Tél. : (1) 40 40 12 12

Parti radical : 1 place de Valois, 75001 Paris – Tél. : (1) 42 61 56 32

Parti républicain : 105 rue de l'Université, 75007 Paris – Tél. : (1) 40 62 30 30

Parti socialiste : 10 rue de Solférino, 75333 Paris Cedex 07 – Tél. : (1) 45 56 77 00

Radical : 3 rue La Boétie, 75008 Paris – Tél. : (1) 47 42 22 41

Rassemblement pour la République :

123 rue de Lille, 75007 Paris – Tél. : (1) 49 55 63 00

Union pour la démocratie française :

12 rue François-1er, 75008 Paris – Tél. : (1) 40 75 40 00

Les Verts : 107 avenue Parmentier, 75011 Paris – Tél. : (1) 43 55 10 01

Index des noms propres

Le numéro de renvoi correspond à la double page.

Index des sigles

Dans la même collection :

Responsable éditorial : Bernard Garaude
Directeur de collection – édition : Dominique Auzel
Secrétariat d'édition : Véronique Sucère
Correction – révision : Jacques Devert
Lecture – collaboration : Pierre Casanova
Iconographie : Sandrine Guillemard
Fabrication : Isabelle Gaudon, Hélène Zanolla
Conception graphique : Bruno Douin
Couverture : Olivier Huette
Maquette : Jean-Paul René
Infographie : François Le Moël, Jean-Paul René

Crédit photos :

Roger-Viollet : pp. 6, 8, 9, 13, 19, 20, 21, 24, 26, 27, 30, 38, 39, 46, 59, 63 / Parti communiste – photothèque : p. 25 / Radical – photothèque : p. 28 / CDS – photothèque : p. 33 / RPR – photothèque : p. 40 / Front national – photothèque : p. 42, 43 / Terrancle – Milan Presse : p. 50, 51 / Francolon-Apesteguy – Gamma : pp. 3, 14 / Le Bot – Gamma : p. 4 / Buu – Gamma : p. 7, 34 / Chatin – Gamma : p. 10 / Vioujard – Gamma : pp. 12, 15, 17, 22, 41 / Maous – Gamma : p. 16 / Simon – Gamma : p. 23 / Stevens – Gamma : p. 29 / Lattès – Gamma : p. 31 / R.A. – Gamma : p. 32 / Simonpietri – Gamma : p. 35 / Bassignac – Gamma : pp. 36, 49 / Duclos – Siumon – Gamma : pp. 37, 45 / Francolon – Uzan – Mingam – Gamma : p. 47 / Francolon – Gamma : p. 48 / Baverel – Gamma : p. 55

Les erreurs ou omissions involontaires qui auraient pu subsister
dans cet ouvrage malgré les soins et les contrôles de l'équipe
de rédaction ne sauraient engager la responsabilité de l'éditeur.

Aubin Imprimeur, 86240 Ligugé. — D.L. décembre 1995. — Impr. P 50787